应急管理能力提升丛书

基层应急管理指引

▼

李雪峰　主编

中央党校出版集团　大有书局

图书在版编目（CIP）数据

基层应急管理指引 / 李雪峰主编．-- 北京：大有书局，2024.6
ISBN 978-7-80772-171-0

Ⅰ．①基… Ⅱ．①李… Ⅲ．①基层组织－突发事件－公共管理－中国 Ⅳ．①D63

中国国家版本馆CIP数据核字（2024）第078664号

书　　名　基层应急管理指引
主　　编　李雪峰

出版统筹　严宏伟
责任编辑　叶敏娟　周　舟
责任校对　李盛博
责任印制　袁浩宇
出版发行　大有书局
　　　　　（北京市海淀区长春桥路6号　100089）
综 合 办　（010）68929273
发 行 部　（010）68922366
经　　销　新华书店
印　　刷　中煤（北京）印务有限公司
版　　次　2024年6月第1版
印　　次　2024年6月第1次印刷
开　　本　787毫米×1092毫米　1/16
印　　张　17.75
字　　数　242千字
定　　价　56.00元

编委会

（按姓氏笔画排列）

序言

以新时代党的创新理论为指引 提升基层应急管理能力

李　季
中共中央党校（国家行政学院）原副校（院）长、中国应急管理学会副会长

基层是维护国家安全与公共安全的基础，提升基层应急管理能力是一项重要而紧迫的政治任务。习近平总书记一贯高度重视基层应急管理工作，强调维护公共安全体系，要从最基础的地方做起。要把基层一线作为公共安全的主战场。党的二十大要求，建立大安全大应急框架，完善公共安全体系，推动公共安全治理模式向事前预防转型。当前，我国基层应急管理能力提升面临着多种短板与弱项：资金投入有限，难以为应急管理提供充分的保障条件；基层应急管理专业人员数量不足、任务重，事前预防乏力；应急管理教育培训跟不上形势的要求，基层应急工作者在开展应急管理工作的过程中时常面临本领恐慌；一些基层干部群众的安全风险意识薄弱、应急知识技能欠缺，面对各类安全风险和突发事件难以做出正确行为选择，易错失最佳救援和自救良机。2024年2月19日，中央全面深化改革委员会第四次会议审议通过了《关于进一步提升基层应急管理能力的意见》（以下简称《意见》），围绕理顺管理体制、完善工作机制、健全保障机制、强化对基层干部教育培训等方面进行了系统部署，为推进基层应急管理体系和应急管理能力建设提供了基本遵循。为有效应对基层社会严峻复杂的安全形势，必须深入领会《意见》精神，提高认识、求真务实、真抓实干，按照《意见》的部署要求切实破解基层应急管理工作中的难题挑战，切实提升基层应急管理能力。

一、深刻领会提升基层应急管理能力的重大意义

提升基层应急管理能力是坚守党的初心使命、践行党的根本宗旨的必然要求。基层社区和基层单位是人民群众生产生活的聚集地，也是维护公共安全的重点场所。新时代新征程，提高基层应急管理能力，做好基层应急管理工作，有效减少公共安全风险和突发事件给人民群众生命财产安全带来的威胁和损失，就是贯彻以人民为中心的发展思想，就是贯彻落实人民至上、生命至上的治理理念。

提升基层应急管理能力有助于夯实党在基层的群众基础，落实党的全面领导。增强党的政治领导力、思想引领力、群众组织力、社会号召力关键在基层。习近平总书记指出："城乡社区处于党同群众连接的'最后一公里'，社会治理的重心必须落到城乡社区。要把加强基层党的建设、巩固党的执政基础作为贯穿社会治理和基层建设的一条红线，深入拓展区域化党建。"[①] 以党建为引领，提升基层应急管理能力，维护好基层人民群众生命财产安全，是最能够得到人民群众拥护的举措，有助于夯实党的全面领导的基层基础。

提升基层应急管理能力有助于切实防范化解重大风险，维护国家安全、公共安全和社会稳定。许多重大安全风险源自基层，孕育在基层。实践证明，基层做好预防工作，就能最大限度避免灾害事故的发生；基层做好应急准备，即使巨灾不可避免地到来，基层群众的自救互救也能够使大多数人员在外部救援力量到来之前脱险。因此，只有当基层具备了早发现、早预警、早行动、早处置的能力，才能有效应对公共安全风险，才能有效夯实国家安全和社会稳定的基层基础。

提升基层应急管理能力有助于加强基层社会治理，推进国家治理现代

---

① 中共中央党史和文献研究院编：《习近平新时代中国特色社会主义思想学习论丛》（第三辑），中央文献出版社 2020 年版，第 92 页。

化。基层应急管理是基层社会治理的有机组成部分，提高基层应急管理能力是增强基层治理能力的题中之义。维护基层公共安全、提高基层应急管理能力，要不断完善体系、健全机制、落实责任。这些工作的推动也必然会促进基层社会治理，并进而为推进国家治理现代化做出贡献。

二、全面加强党对基层应急管理工作的领导

坚持党的领导是做好应急管理工作的根本保证。2016年7月，习近平总书记在河北唐山考察时指出，我们开展的许多重大抗灾救灾和灾后恢复重建取得的伟大成就，充分体现了中国共产党领导和我国社会主义制度的优越性。这深刻启示我们：只要紧紧依靠中国共产党的坚强领导、充分发挥我国社会主义制度的优势，我们就能不断把中国特色社会主义伟大事业推向前进。实践证明，只有坚持党的集中统一领导，我们才能有力地应变局、平风波、战洪水、防疫情、抗地震、化危机。切实加强党的领导是提高基层应急管理能力、做好基层应急管理工作的关键。

要加强上级党委对基层应急管理工作的领导，切实把党中央关于维护国家安全、公共安全，加强应急管理工作的指导思想落实到基层。各地党委应当以《意见》出台为契机，以高度的政治责任感把党中央决策部署贯彻落实到位，不折不扣落实好各级党委和政府平安建设与自然灾害防治主体责任、安全生产领导责任。地方党委和政府主要负责同志要带头扛起“促一方发展、保一方平安”的政治责任，其他班子成员要按照职责分工抓好责任落实，定期研究基层应急管理工作，分析把握突发事件的演化规律特点，研究制定有针对性和可操作性的防控措施，协调解决基层应急管理重大问题。

要切实落实基层党组织的应急管理责任制。基层党组织要按照统筹各领域安全的思路，对本地区本单位应急管理工作发挥好统一领导作用。基层党政一把手要作为基层应急管理的第一责任人全面负起责任；主抓应急管理工作的副手要把应急管理工作作为最主要的工作任务；党政领导班子其他成

员都要按照统筹发展和安全的思路，抓好或支持抓好所负责领域的应急管理工作。

要做好做实“党建＋应急管理”，推动将党的建设与基层应急管理工作相融合。充分发挥基层党组织的战斗堡垒作用和党员的先锋模范作用。在灾害事故发生时，可依托基层党组织建立党员突击队，或者把跨部门、跨区域党员骨干组织成为临时党支部，实行党组织与突击队、行动队、任务组合而为一，为完成急难险重任务提供坚强组织保障。在平时，则可以依托基层党组织力量担负“啃硬骨头”的任务。

三、构建符合大安全大应急要求的基层应急管理框架

完善应急管理体系必须坚持系统观念。推进应急管理现代化、建立大安全大应急框架，完善“统一领导、专长兼备、反应灵敏、上下联动”的应急管理体制，不仅仅指推进中央、省、市、县各级应急管理力量的协同，也应包括完善基层应急管理力量布局。这就需要全面加强和优化基层应急管理体系。

加强基层应急管理能力建设，落脚在基层，关键在上层。要推动建立健全横向到边、纵向到底的应急管理体系，形成上下贯通、协调一致、各负其责、齐抓共管的工作格局。要推动完善基层突发事件应对的指挥协调机构，加强基层综合性应急管理部门建设，以网格化管理为抓手形成既抓日常管理又抓应急管理的综合性基层网格体系。

要健全基层应急管理队伍，培育强有力的基层应急管理与应急救援队骨干力量。要切实加大基础性投入，根据地区人口数量、经济规模、灾害事故特点、安全风险程度等因素，配齐配强基层应急救援力量；大力开展“第一响应人”队伍建设，将下沉到基层的干部、基层派出所、司法所、基干民兵、物业公司骨干等人员整合，组建承担“第一响应人”职责的基层应急救援骨干志愿者队伍。

四、筑牢防范化解各类安全风险的基层屏障

安全风险与事故隐患存在于基层，防范化解安全风险也要着力在基层。要有效防范化解各类安全风险，着力防范重大安全风险，及时、有力、有效地处置各类灾害事故，就要在基层完善工作机制，做到预防在先、发现在早、处置在小，切实筑牢防范化解各类安全风险的基层屏障。

要推动应急管理工作重心下移。实行关口前移，筑牢安全底板，守牢安全底线，"推动公共安全治理模式向事前预防转型"。加强灾害防治能力建设，加大风险辨识管控和隐患排查治理力度，做到精准防控、精准治理，从源头上防范化解重大安全风险，最大限度减少各类突发事件及其造成的人员伤亡和财产损失。

要全面提升基层突发事件应对能力。要完善灾害群防群测的风险监测机制，建立预警响应的"叫应"机制，超前准备、及时响应，做到早发现、早报告、早预警、早处置，抓早、抓小、抓了，努力把问题解决在萌芽之时、成灾之前。要完善基层应急预案体系，增强基层应急预案的针对性、实用性和可操作性，落实基层快速响应机制。要抓好基层灾后恢复重建和事后评估等工作。突发事件发生后，要及时总结应急处置与救援的经验教训，查明原因，举一反三，补齐短板，提高能力。要切实提升基层防范化解安全风险的科技水平，充分发挥基层专家作用，实行基层应急管理的科学化民主化决策；注重支持和推动基层采用先进适用的救援装备和技术，增强基层一线应急救援能力；加强基层智慧治理能力建设，不断提升基层应急管理的信息化智能化水平。

五、着力提升基层干部和应急救援人员的应急管理能力

提升基层应急管理能力的关键是提高基层干部和基层应急救援人员的

能力。习近平总书记要求，应急救援队伍要“对党忠诚，纪律严明，赴汤蹈火，竭诚为民”。这一要求也应当成为建设高素质基层应急管理队伍的重要指引。

提升基层应急管理工作者能力务必要把握好方向，切实落到实处，确保抓出成效。思想政治素质是做好应急管理工作的重要基础。要把基层应急管理相关人员，特别是对党政领导干部的思想政治教育落到实处；加强基层应急管理工作者的作风建设，把作风建设作为能力建设的重要基础工作；着力培养基层应急管理工作者的斗争精神与斗争本领，使善于“见微知著”查风险、能够“赴汤蹈火”战灾难成为广大基层干部的过硬能力的重要表征。

六、提升基层群众风险防范意识和自救互救能力

习近平总书记强调，“国家安全一切为了人民、一切依靠人民，充分发挥广大人民群众积极性、主动性、创造性”，“始终把人民作为国家安全的基础性力量，汇聚起维护国家安全的强大力量”。在公共安全领域，要筑牢应急管理与防灾减灾救灾的人民防线，需要提升基层群众风险防范意识和自救互救能力。提升基层群众风险防范意识和自救互救能力是为人民负责与服务人民、践行初心使命的重要举措，是坚持群众观点和群众路线、坚持社会共治的重要方面，也是提升基层应急管理能力的重要支撑保障。

提升基层群众风险防范意识和自救互救能力的关键是安全应急教育要落实到位。要完善公民安全教育体系，推动安全宣传进企业、进农村、进社区、进学校、进家庭，推动“人人讲安全、个个会应急”。安全应急科普宣教与能力建设活动应严谨扎实，从计划到实施都要做到位。安全应急科普宣教与能力建设活动还要注重创新，提高实效。要发现并创造更好、更有效的安全应急科普宣教与训练演练的方式方法。要注重技术手段层面的创新，应用人工智能、大数据、多媒体等技术支撑保障安全应急科普宣教和训练演练做到实处，真正在安全应急教育技术手段方面贡献中国方案、中国智慧。

前言

基层是国家的根基。党的二十大要求“夯实国家安全和社会稳定基层基础”，“健全共建共治共享的社会治理制度，提升社会治理效能”。基层维护国家安全、公共安全、社会稳定，工作任务繁重、使命重大，完善基层应急管理体系、提升基层应急管理能力既是重要的基础性工作，也是基层治理的难点所在。

加强基层应急管理使命重大

推进基层应急管理是国家应急管理现代化的重要方面。2019年11月29日，习近平总书记在主持中央政治局第十九次集体学习时强调，要坚持群众观点和群众路线，坚持社会共治，完善公民安全教育体系，推动安全宣传进企业、进农村、进社区、进学校、进家庭，加强公益宣传，普及安全知识，培育安全文化，开展常态化应急疏散演练，支持引导社区居民开展风险隐患排查和治理，积极推进安全风险网格化管理，筑牢防灾减灾救灾的人民防线。

加强基层应急管理也是基层治理现代化的重要方面。2021年4月28日颁布的《中共中央　国务院关于加强基层治理体系和治理能力现代化建设的意见》要求：“增强乡镇（街道）应急管理能力。强化乡镇（街道）属地责任和相应职权，构建多方参与的社会动员响应体系。健全基层应急管理组织体系，细化乡镇（街道）应急预案，做好风险研判、预警、应对等工作。建立统一指挥的应急管理队伍，加强应急物资储备保障。每年组织开展综合应急演练。”

加强基层应急管理保一方平安

我国目前处于高风险社会。自然灾害风险方面，我国是世界上自然灾害最为严重的国家之一，灾害种类多、分布地域广、发生频率高、造成损失重，这是一个基本国情；随着全球气候变暖，我国各种自然灾害的突发性和异常性愈加明显。事故灾难风险方面，传统安全风险持续，危险化学品、矿山、交通运输、建筑施工等传统高危行业的消防安全风险隐患仍然突出；新型风险隐患增多，新能源、新工艺、新材料广泛应用，新产业、新业态、新模式大量涌现，引发新问题，形成新隐患；城市风险日益增大，城市人口、生产要素更加集聚，产业链、供应链、价值链日趋复杂，生产生活空间高度关联，各类承灾体暴露度、集中度、脆弱性大幅增加。公共卫生风险方面，突发公共卫生事件开放难控，传染病、食品药品安全领域突发事件时有发生，生物安全挑战增多。社会安全风险方面，国际安全环境形势复杂、国际恐怖主义泛滥、境外敌对势力插手、国内发展不平衡不充分等因素综合作用，致使我国社会安全形势复杂难控；国际政治动荡、全球经济危机、跨国网络犯罪、恶意金融操盘金融危机等都有可能带来极大的系统性风险。

在应对上述风险时，基层应急管理作用巨大。例如，1976年唐山大地震、2008年“5·12”汶川大地震等灾害应对经验表明，通过基层自救互救的方式获救的比例超过70%。提升基层应急管理能力是应对高风险环境形势、保一方社会平安的重要基础。

基于上述认识，我们依据国家有关规范要求编写本书。书中结合典型案例与经验做法，从基本理念、领导组织、风险防控、监测预警、应急保障等多方面对基层应急管理的基本知识进行了介绍，主要供基层乡镇（街道）、村（社区）应急管理工作人员等学习参考，供指导基层应急管理的上级领导与上级机关参考。

目　录

CONTENTS

上篇　绪　论

中篇 风险治理

下篇　应急准备

上篇

绪 论

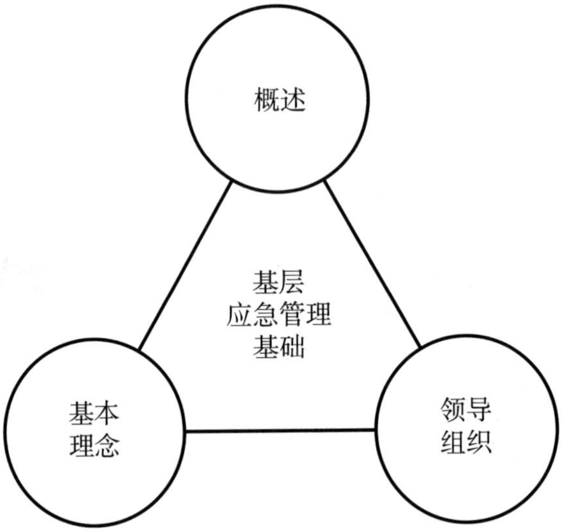
概述
基层
应急管理
基础
基本
理念
领导
组织

第一章　基层应急管理概述

基层是指政府组织与社会组织的基础单元。本书所指的基层主要是乡镇（街道）、村（社区）、网格等地方基层政府组织、基层自治组织，以及基层社会。本章将着重介绍：

什么是基层应急管理？

基层应急管理的主要任务是什么？

推进基层应急管理的主要措施有哪些？

一、何为基层应急管理

（一）概念

基层应急管理是防范化解基层所面对的各类突发事件风险的管理及相关服务所共同构成的实践活动（见图1–1）。在上级党委和政府引领下，形成基层党组织具体领导、基层政府具体负责、基层社会组织协同、基层群众广泛参与的应急管理主体格局；基层应急管理对象涉及自然灾害、事故灾难、公共卫生事件、社会安全事件；基层应急管理过程包括风险防控与隐患治理、监测与预警、第一响应与应急处置、事后恢复与重建；基层应急准备手段包括应急预案、应急保障、应急演练等。

在上述大应急管理框架下，各级应急管理部门所主抓的应急管理主要包括防灾减灾救灾（主要指自然灾害应对）、安全生产（主要指事故灾难应对）、应急救援（以国家综合消防应急救援队伍为主力）。这些也被称为灾害事故应对工作。根据《中华人民共和国突发事件应对法》的相关表述，本

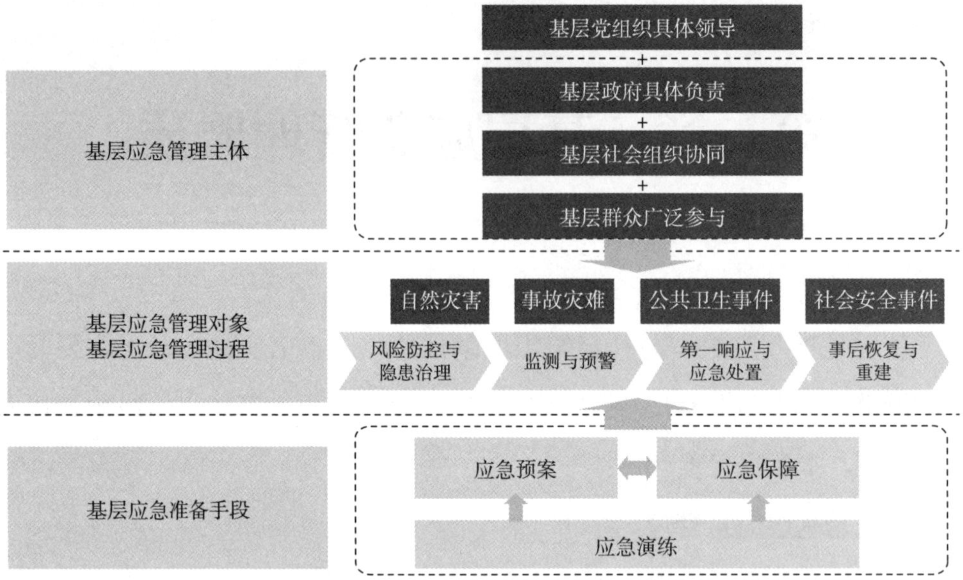

图 1–1　基层应急管理概念示意

书所讨论的基层应急管理着眼于四大类突发事件应对（大应急管理），同时也重点聚焦灾害事故应对。

（二）特征

基层应急管理既有一般应急管理的特点，也有独特之处。

1. 基本特点：基础性与综合性

基层应急管理是国家应急管理体系的基础部分，也是国家应急管理能力的基础部分，一切的国家应急管理战略都需要基层来落实。所谓“基础不牢，地动山摇”，基层应急管理是国家应急管理体系和能力的“最后一公里”，其工作效能影响着国家应急管理的整体效能。

基层应急管理必须以“大安全大应急”的思路为引领，统筹做好应对自然灾害、事故灾难、公共卫生事件、社会安全事件的工作。正所谓“上面千条线，下面一根针”，上级涉及公共安全各个领域的工作在基层都应该依靠一个整合性的应急管理机构与机制落实。

2. 工作性质：管理性与服务性

基层应急管理首先是一项管理性工作。基层应急管理干部和团队要切实落实自身的应急管理职责，组织和落实好自身的工作，监督本地企事业单位的安全管理职责得到落实。

基层应急管理直接面对维护基层人民群众的生命和财产安全的任务，体现着鲜明的民事保护与公共服务特点。

3. 主体权限：被动性与自主性

在整个国家应急管理体系中，基层应急管理属于执行层面，需要不折不扣地执行国家和上级政府的应急管理法律法规与方针政策。

与此同时，根据有关法律和政策要求，基层也有一定的自由度，具有独立开展应急管理权限。因此，要根据自身的具体情况自主地开展应急管理相关工作。

4. 工作内容：简易性与复杂性

由于基层应急管理工作需要按照有关法律法规和规范的要求开展、按照上级的指令开展，也由于基层应急管理不需要完成太多原创性的建章立制与规划编制工作，还由于基层应急管理极少会就重大事项进行两难的决策选择，基层应急管理在一定意义上也不那么复杂。

同时，由于基层应急管理面对着个性需求多种多样、素质能力参差不齐的广大基层群众和基层组织，工作落实和问题解决过程中面对的问题情境往往又是极复杂的。

二、常态下基层应急管理的主要任务

为维护好基层公共安全、应对好突发事件，基层的常态工作重心即推进韧性能力建设，以期达到全社会安全文明程度明显提升，社会公众应急意识和自救互救能力显著提高，共建共治共享的应急管理格局基本形成的局面。

（一）补治理短板

当前，我国应急管理的基层基础总体较为薄弱。在突发事件应对过程中，一些地方暴露出基层安全应急能力薄弱的问题：认识上，风险意识不足，依赖思想严重；态度上，工作被动应付，作风松软散漫；准备上，应急准备不足，应急能力不强；行动上，应急协调不力，指令落地不实；手段上，工作方式落后，智能手段欠缺。

而这些问题的主要根源是：应急管理体制不够健全，缺乏专门的应急管理工作机构和足够的应急管理人员配备；应急工作机制不健全，风险隐患排查、预案编制、应急演练、宣传教育等大量基础性工作在基层没有得到有效落实；各方沟通协调不畅，突发事件发生后上报信息不及时、不充分，各方救援力量难以及时掌握一线的需求，实施救援比较盲目；动员社会力量参与的广度、深度不够，基层民众和社会力量的安全应急工作参与程度不高，蕴藏在基层的力量没有得到充分发挥，社会力量缺乏多元参与的有效路径；基层救援力量专业化水平偏低，社会救援队伍缺乏专业训练、管理混乱，安全保障不到位，事故频出；广大民众逃生避险、自救互救的意识和能力较弱，应急知识培训没有形成常态化、长期化。

加强基层应急管理就是要解决上述问题，解决深层次矛盾。

（二）落实重点工作

归结起来，今后一个历史时期加强基层应急管理工作的重点任务包括以下各项。

1. 发挥党建引领作用，落实党的应急管理工作方针

党的领导是做好基层应急管理工作的政治保证。要完善基层党委领导

应急管理的工作制度；结合地方实际将党建工作下沉至基础网格、聚居小区、企事业单位等，打通落实党组织应急管理责任的末梢；基层党组织要主动发动依靠群众，培育基层应急工作的群众骨干。

2. 完善基层应急管理体系，提升基层应急组织效能

健全体系是基层应急管理的组织保证。要建立健全综合性应急管理统筹协调机构，配齐配强应急管理工作人员；以网格化管理为切入点，完善基层应急管理组织体系，加强人员力量配备，厘清基层应急管理权责事项，落实基层政府及相关部门责任；推动横向协调联动与纵向上下贯通落到实处。

3. 建设基层应急综合行政执法队伍，提高安全监管能力

执法队伍的建设是落实基层安全监管的关键。要按照“统一形象标识、统一着装、统一培训大纲、统一战斗力标准”的要求，加强基层应急综合行政执法队伍建设；强化执法经费、装备设施、制式服装、执法用车、工资岗位津贴待遇、加班补贴、救援补助、伤亡保险等保障。

4. 建设基层应急救援队伍，提高应急救援能力

应急救援队伍建设是基层处置突发事件的力量保障。要加强和规范基层综合性应急救援队伍、微型消防站建设，推动设立社区、村应急服务站，培养发展基层应急管理信息员和安全生产社会监督员，建立完善“第一响应人”制度。要加强训练演练提高基层救援能力，实现救援资源共建共享、联勤联动；普及应急救援人员人身意外保险。

5. 健全基层风险监控、预警制度与“叫应”机制，提升风险防范能力

有效防范风险，关键在监测预警。要落实监控—预警网络运转的有效性、感知发现风险的专业性和风险速报预警的快捷性。要细化风险监控和预警措施，提升基层风险“早感早发现”“快报快发布”能力，保障基层风险信息上报和预警信息发布手段，及时传输信息、智能发布预警提示信息，通过“叫”与“应”确保信息传达给每个相关人。

6. 加强基层应急预案体系建设和应急预案演练，提升应急准备度

预案管理是提升应急准备度的重要抓手。要增强基层预案的针对性、实用性、可操作性；加强预案培训演练，提升应急处置救援能力。

7. 做好应急物资储备和应急避难场所建设，提升应急保障能力

应急物资储备与避难场所是应急处置的重要保障。要优化完善基层储点布局和库存管理，通过应急预案和相关制度明确应急储备“储什么、储多少、怎么储，有什么、在哪里、怎么调”；因地制宜、平急结合地开展建设，维护好本地的应急避难场所。

8. 开展安全应急教育，提升民众的风险防范意识和自救互救能力

安全应急教育是提升基层群众防灾减灾能力的关键。要有效开展安全应急知识进企业、进农村、进社区、进学校、进家庭活动，让群众知道“风险在哪儿”“如何防范风险”“突发事件来了应如何应对”。

三、推进基层应急管理的系统措施

基层应急管理作为维护国家安全、人民安全与社会稳定的重要政治性工作，必须系统推进。在这方面，我国已经积累了不少全面推进基层应急管理、系统提升基层韧性能力的经验做法。以下4类体系建设分别对应自然灾害、事故灾难、公共卫生事件和社会安全事件的应对办法。各地可以以这些工作为抓手，统筹推进基层应急管理工作。

（一）综合减灾示范社区建设

综合减灾示范社区是在社区层面全方位推进以自然灾害应对为主的应急管理体系和能力现代化建设的重要实践。20世纪末，我国开始探索社区减灾工作，至今已20多年。其间，面对日益复杂严峻的灾害形势，伴随着

国际社会对于社区减灾的日益关注和推崇，我国自上而下的政策推动、自下而上的民间自发开展，都极大促进了我国的减灾示范社区建设。最有影响力的实践是国家防灾减灾救灾委员会（以下简称国家减灾委）开发了综合减灾示范社区的政策工具。这一工具提供社区减灾的参考标准，建立相应创建机制，统筹供给创建资源，一方面发挥社区自主创造性，另一方面充分利用专家人力资源，使“专业知识”与“本土知识”充分结合，并推动专业社会组织、社工、保险企业的多元参与，对社区减灾发挥了极大的推动作用。

综合减灾示范社区建设已经成为我国基层社区防灾减灾能力建设的标志性活动和重要特色，在促进居民减灾意识与避灾自救技能提升、激发基层社区防灾减灾热情和扩大社会参与、构建良性可持续的社区减灾模式等方面起到了显著的作用：第一，在创建过程中通过标准的引领，在组织与管理机制、灾害风险评估、应急预案完善、宣教培训活动、防灾基础设施等方面积极推动和引导，切实强化基层社区和居民的防灾减灾能力；第二，示范社区创建是一个自上而下与自下而上相结合的过程，通过规范化标准进行引导，由基层社区自主创建申报，再进行评估和公示；第三，在示范社区创建过程中，通过参与式社区灾害风险评估扩大了社会参与。

截至2023年，全国综合减灾示范社区的创建数量超过1.2万个。这意味着全国综合减灾示范社区创建走向成熟，并从示范意义向普遍意义扩展。2020年后，我国又启动了综合减灾示范县建设。目前，多部门联合创建的开展，加强了社区层面减灾资源和力量统筹，主动适应了防灾减灾救灾体制机制改革。

《全国综合减灾示范社区创建标准》中规定的基本条件包含：

（一）有社区灾害风险定期排查制度，有社区灾害风险地图，有事故隐患清单和脆弱人群清单。

（二）有预警信息发布渠道，预警信息覆盖率100%。

（三）有满足社区需求的应急避难场所。

（四）有应急物资储备点并储备必要的应急物资和救援装备。

（五）有综合应急队伍，至少有1名经过培训的灾害信息员。

（六）有符合建设要求的微型消防站，社区消防车通道畅通。

（七）有社区应急预案，每半年至少组织一次应急演练和防灾减灾科普宣传教育活动。

（八）有社区医疗救护站。

（九）主要建（构）筑物达到当地抗震设防要求。

（十）在申报年及前3个自然年内没有发生责任灾害事故。

（二）安全发展示范乡镇建设

自国务院安委会办公室发布《关于开展安全发展示范城市创建工作的指导意见》（安委办〔2013〕4号）以来，国家安全发展示范城市建设稳步推进。国务院安全生产委员会办公室每年遴选开展创建安全发展城市的地方，形成一系列可供推广典型创建经验且对后续安全发展城市创建具有示范带动效应的城市。各地在推进基层安全发展方面也有各自的探索。例如，湖南省发布《湖南省安全发展工作示范创建管理办法》，多年来推进安全发展示范乡镇（街道）工作，其中关于安全发展示范县、示范乡镇的验收标准包含：

（一）组织机构。健全县乡应急管理机构，加强乡镇街道“六有”和村（社区）“三有”应急能力建设，做到机构健全、机制完善、制度齐全、责任明确、运转顺畅，有效防范化解安全风险，提高应急救援和防灾减灾救灾能力，构建统一领导、权责一致、权威高效的应急管理体系。

（二）安全监管。健全“党政同责、一岗双责、齐抓共管”的安全生产领导责任体系，部门安全监管责任、企业主体责任和政府属地管理责任有效落实。健全本级安全生产委员会，明确安委会成员单位职责，部门监管联动高效。加强安全源头治理，科学制定城乡发展规划，坚决淘汰不安全落后产能，强化安全风险防控，全过程加强安全管理，分门别类组织开展安全风险辨识、“打非治违”、专项整治、监管执法、隐患排查治理等重点工作，企业本质安全水平不断提升，安全生产各项目标任务全面完成。

（三）应急处置。结合当地实际和任务需求，建立完善应急救援队伍，应急基础设施齐全，风险监测预警机制健全，应急救援机制完善，应急预案科学有序，社会动员迅速有力，应急救援组织及时、处置高效。

（四）保障能力。全面落实应急管理经费财政保障制度，足额保障应急与安全工作必要合理的支出需求；安排专项资金及时开展安全隐患排查治理，县乡两级综合应急管理基础设施、物资、装备达到相关规定的配备要求。督促企业依法参加工伤保险，督促高危行业企业落实有关经济政策，按规定足额提取安全费用，参加安全生产责任保险。按规定落实县乡两级应急管理人员有关专项津贴待遇和村组应急专干、信息员相应的报酬或补贴。

（五）示范效应。示范创建活动组织领导有力，应急安全教育培训广泛开展，各类安全生产、防灾减灾相关创建活动持续深入，全民安全意识普遍提高，全社会安全氛围浓厚。生产安全事故控制成效显著，自然灾害防控卓有成效，应急能力明显提高，基层基础工作扎实，在当地乃至全省具有较好的示范效应。

（三）全国卫生乡镇建设

1952年春，美国在朝鲜战争中发动了细菌战。我国在保家卫国的浪潮中，群众性卫生防疫运动随之深入发展。人民群众把这项伟大的运动称为“爱国卫生运动”。党中央肯定了这个名称并指示以后将各级领导机构统称为“爱国卫生运动委员会”；与此同时，把“卫生工作与群众性卫生运动相结合”定为卫生工作的一项原则。2020年3月2日，习近平总书记在北京考察新冠疫情防控科研攻关工作时强调，要坚持开展爱国卫生运动；4月1日，在浙江考察时强调，要深入开展爱国卫生运动，推进城乡环境整治，完善公共卫生设施，提倡文明健康、绿色环保的生活方式。爱国卫生运动是中国人民的一项伟大创举，是确保人民群众生命安全和身体健康的“传家宝”。新时代，我们要继续用好这一传家宝，把爱国卫生运动提高到新水平。根据《国家卫生乡镇标准》（2021版），全国爱国卫生运动委员会（以下简称国家爱卫会）审定的国家卫生乡镇应达到39项标准。

首先，明确5项爱国卫生组织管理要求：

（一）将爱国卫生工作纳入乡镇党委和政府重要议事日程，列入目标管理，制定爱国卫生工作计划。

（二）爱卫会组织健全，成员单位分工明确、职责落实。有承担爱卫会工作的机构，职能、人员、经费等有保障。机关、企事业单位明确专兼职爱国卫生工作人员，村（社区）民委员会要健全下属公共卫生委员会，推动落实好爱国卫生工作。

（三）爱国卫生工作年度有计划、有部署、有检查、有总结。开展卫生村、卫生单位等创建活动。广泛开展群众性爱国卫生活动，各部门、各单位和广大群众积极参与。

（四）推动将健康融入所有政策，把全生命周期健康管理理念贯穿地方规划、建设和管理全过程各环节。将应对突发公共卫生事件纳入国土空间规划，并逐步建设完善相关设施。

（五）畅通爱国卫生建议和投诉渠道，认真核实和解决群众反映的问题。群众对卫生状况满意。

其次，具体卫生健康领域要求包括：①健康教育和健康促进（第6—8项）；②市容环境卫生（第9—19项）；③生态环境（第20—23项）；④重点场所卫生（第24—29项）；⑤食品和生活饮用水安全（第30—34项）；⑥疾病防控与医疗卫生服务（第35—39项）。

（四）平安基层建设

1. 践行新时代“枫桥经验”

党的二十大报告强调，在社会基层坚持和发展新时代“枫桥经验”。新时代“枫桥经验”的核心要义是人民至上，本质是人民主体性，治理为了群众，治理依靠群众，发动群众就地解决矛盾和纠纷，构建和谐社会，建设平安中国。新时代“枫桥经验”已成为坚持和完善中国特色社会主义制度、推进国家治理体系和治理能力现代化的有机组成部分，成为党和国家治国理政的重要经验。

习近平总书记就坚持和发展“枫桥经验”强调，各级党委和政府要充分认识“枫桥经验”的重大意义，发扬优良作风，适应时代要求，创新群众工作方法，善于运用法治思维和法治方式解决涉及群众切身利益的矛盾和问题，把“枫桥经验”坚持好、发展好，把党的群众路线坚持好、贯彻好。

坚持和发展新时代“枫桥经验”，基层要高度重视加强和创新社会治理，坚持和完善共建共治共享的社会治理制度，建设人人有责、人人尽责、人人享有的社会治理共同体，更好地把社会治理制度优势转化为治理效能。

2. 建设平安基层

全国各地开展了各具特色的平安乡镇、平安村居建设。

例如，某地的平安乡镇（街道）建设标准是“十个没有”：①没有黑恶势力犯罪团伙；②没有命案及重大恶性案件；③没有毒品犯罪案件；④没有非法集资、传销等经济犯罪案件；⑤没有邪教和非法宗教组织；⑥没有矛盾激化引发的民转刑案件；⑦没有集体上访、群体性事件；⑧没有火灾、交通、安全生产等重大公共安全责任事故；⑨没有易肇事肇祸精神障碍患者等重点人员脱管漏管引发的案事件；⑩没有镇（街道）干部职工违法犯罪。

再如，某地的平安村（社区）创建标准是“十个没有”：①没有黑恶势力；②没有刑事案件；③没有非法集资、传销等经济犯罪案件；④没有“黄赌毒”等社会丑恶现象；⑤没有邪教和非法宗教组织；⑥没有群体性事件、非正常上访事件；⑦没有矛盾激化引发的民转刑案件；⑧没有易肇事肇祸精神障碍患者、社区矫正等重点人员脱管漏管引发的案事件；⑨没有公共安全责任事故；⑩没有村（社区）工作人员违法犯罪。

典型案例　基层应急管理体系创新

四川北川县：全主体联动的组织体系

北川是大禹故里、全国唯一的羌族自治县，位于四川盆地向藏东高原过渡的深山峡谷地带，特殊的地理环境和地质构造，导致自然灾害多发频发，几乎五年一大灾、三年一小灾、年年都受灾。县内各乡（镇）的主要灾种为暴雨、干旱、大风风雹、山洪等气象灾害，地震、滑坡、泥石流等地质灾害，以及森林火灾等。

灾害风险较大的地区都需要进一步构建全域联动、立体高效的防灾减灾主体体系，形成大安全大应急的治理格局。北川县在这方面采取了一系列措施，形成“跨层级、跨部门、跨地区、跨组织”“横向联动、纵向贯通”的应急协同网络结构，加强常态和应急态之间的机制衔接。可以将其归结为由4个部分组成的全主体联动的组织体系。

1. 整合式风险防控指挥部

北川县成立县应急指挥工作领导小组，采取形势分析联商、检查排查联防、宣教活动联办、问题隐患联处、应急处置联动“五联”模式，由县级指挥中心统筹调度各沟域人、财、物等救灾所需的相关物资，确保在任何强情况下都能实现统一调度、整体联动、高效作战。

县政府主要负责人任各专项指挥部指挥长，事实上整合了防汛减灾联合指挥部、森林草原防灭火指挥部等。应急指挥部实体化运作，气象、防汛抗旱、地灾防治、应急委减灾委办公室有关人员常态化合署办公。

加强会商研判，落实灾害预警。建立了预测意见登记制度，组织气象、自然资源、农业农村等部门，对全县自然灾害风险形势及防控对策进行风险研判并形成风险报告。

按照“信息收集—会商研判—发布指令—指挥调度—情况上报”的

流程，建立完善应急联动、喊响叫应等机制，科学开展研判会商、调度协调，确保指令畅通、直达基层，形成统一指挥、反应灵敏、上下联动的应急指挥体系。

强化责任落地落实。制定防汛减灾、森林草原防灭火专项整治工作责任落实清单，防灾减灾工作责任追究办法等相关制度，建立四级包保责任制度，全面压实各级责任。

2022年7月15日，北川突发洪涝灾害，县应急委第一时间组织公安、消防、应急、民兵及当地干部群众1000余人和多台抢险救援车辆，使用工程设备、河道监控视频、无人机、望远镜等设备对场镇及沿线河道展开搜救工作。

乡镇也大都推行更为集约的应急指挥机制。例如，马槽乡成立防汛和地质灾害防治指挥部，分设8个工作组，构建由驻点联系县级领导组成的县、乡、村、组、点五级防灾减灾应急体系，并通过“每个点位转一次”“每段路程跑一圈”的全覆盖式实战演练来修订完善应急预案，同时加强地质灾害防治及相关应急处置办法的学习，确保指挥部各位成员责任明确、职责到位、情况清楚、手段有效。构建“乡—村—组—网格员”（网格员366名、灾害信息员516名、组社干部920余名）到户的信息快速传递机制，着力解决“最后一公里”问题。

2. 全覆盖防灾预警组织网

北川县总体上注重打造畅通防灾减灾“最后一公里”：县上调度、乡（镇）响应、村组落实、群众配合的指挥链条。

县级——应急管理局快反突击队第一时间前置重点乡镇。队伍出动条件包括：地震灾害，境内发生4.0级以上地震；洪涝灾害，气象局发布橙色预警后；火灾事故，接警核实后；安全生产事故，发生较大以上安全生产事故；其他需要出动快反突击队的事件，由突击队队长统筹各分队出动。

乡级——制定避灾转移作战图、建立网格化转移责任体系，明确标明各风险点、户数人数、责任人、转移地点等重要元素。按照地质与山洪灾害等危险地点实际，精准确定转移人员，对过渡转移和临时转移人员明确党员责任人“一对一”包户包人。

村级——末端信息反馈责任人。灾害信息员510名、山洪责任人107名、地质灾害监测员241名。与网格员整合，每日一调度，抽查其在岗履职情况。

3. 全方位防灾预警协同网

北川立体化防灾预警协同网有对上、对邻、对内3个维度。

对上——联通国家、省、市各级自然灾害监测预警网络。

对邻——与平武、茂县、松潘、江油、安州等周边县市签订了联防联控协议；建立平通河、通口河、安昌河联防联控微信群；将土门河以下的坝底、禹里、通泉、通口电站、武安电站本县人员通讯录纳入茂县防汛预警平台。

对内——建立“县内、乡间、村邻”协调联动制度，做到信息通报、联系沟通、联合会商、协同处置。构建“县—沟—乡—村—组”五级互联互通的综合应急救援指挥体系及跨区域联防联动机制。

各乡（镇）均建立快反机制，成立快反应急指挥小组，常态化保留快反应急救援小队，统筹各村、组开展应急自救。作战片区内各乡（镇）建立应急联动机制，采取信息互通、会商研判、值守联动、物资共享等措施，实现乡（镇）快速互救结合。

沟域协同联动方面，在坝底乡、擂鼓镇、禹里镇、陈家坝镇建设综合消防救援站，组织实战演练，开展应急救援各项工作。并根据各区域面临的森林火灾、地质灾害、洪涝灾害等不同种类，分别储备应急物资，重点配齐专业化救援设备、相对专业综合救援队。

4. 全谱系应急救援队伍网

北川全层面应急救援队伍网有3个层面：①县综合性消防应急队伍较为

完备；②县专业应急队伍较为充分；③应急志愿服务队伍全面覆盖。

截至2023年8月数据，县级：羌山应急志愿服务大队，由应急10人、公安10人、消防20人，共40人组成。乡镇：羌山应急志愿服务中队（综合应急队）19支，由基干民兵、退役军人625人组成（与民兵队伍一致）。村社：村（社区）综合应急分队235支，2395人。

浙江绍兴：以四个一体化建设构建四大管控体系

绍兴市以规划建设、职能融合、使用管理、综合保障四个一体化为路径与方法，构建了任务导向清晰的目标体系、改革引领条块清晰的工作体系、专业取向支撑有力的保障体系、奖罚分明科学有效的评价体系。

1. 科学设置与积极推进四个一体化建设

规划建设一体化，推动确立“大应急、大减灾、大救援”体系。绍兴通过全市层面的设计，实现了安全生产、自然灾害、消防安全等相关工作归口管理，分管领导排位更高，人员配置持续增强，工作范围由生产安全、灾害防治为主延展至全民防范和预防为主，应急救援队伍和物资、信息等资源实现了多元共享，有机构、有地位、有人才、有装备、有专业。具体表现在：一是破解“多而散”。出台《绍兴市基层应急和消防一体化规范化建设的实施意见》，整合镇街安委会、消安委、防指等议事协调机构职能，建立健全以主要领导负总责，一名党（工）委班子成员且排位第一的行政副职牵头，统领本辖区安全生产和消防安全工作。二是破解“少而弱”。通过明确人员配置标准、招聘专业背景人员、派驻消防文员等形式，实体化运作镇街应急和消防管理办公室，并由一名行政或事业编制人员专职负责，享受中层正职待遇。三是破解“旧而缺”。为各应急管理办设置“四室一中心”（有统一标志标识的办公室、询问室、会商室、救援指挥室和物资保障中心），将各镇街智慧应急终端统一接入应急管理指挥平台，统一配置行政执法车辆、可视化单兵、卫星电话及执法记录仪等必要装备，统一配备应急救援物资。

职能综合一体化，推动建立“更聚焦、更协同、更高效”机制。一是构建标准化的管理体系。以“枫桥式”镇街应急和消防管理办公室规范化创建为抓手，明确创建标准。将原来的职能，进行全面的整合、归并、重新定义。与新的职能定位相对应，建立新的运行机制。全面建立风险管控和隐患排查治理机制、预警预报工作机制、镇（街）村（社区）宣传教育培训机制。二是探索高效化的融合机制。在镇街探索应急和消防融合机制，整合镇街原分散的安全生产监督管理和自然灾害治理职能为一体，在县区级层面每季度召开应急（安委办）、消防（消安办）联席会议，共同加强业务指导，实现信息共享制度化和联合执法常态化。三是提升基层应急消防管理人员执法水平。在市应急管理局和司法部门的统一组织下，实现镇街应急管理工作人员持证执法全覆盖；通过委托执法方式，赋予各镇街一定执法权，并通过观摩执法、外出考察、案卷评审等方式，提高其自主办案能力。

综合保障一体化，推动提升“强储备、强治理、强救援”能力。一是落实经费。建立与财政增长相匹配的基层应急和消防经费保障机制，设立“枫桥式”应急消防办专项奖补资金。加大对社会救援队伍、志愿者救援队伍的支持帮扶力度，对参与救援、竞赛、训练等情况给予适当奖补。二是多元一体共建共治。镇街、村社依托民兵预备役人员、专职消防队、保安员、警务人员、医务人员等组建综合性应急救援队伍，成为“扎根”本地应急力量，成为防小救早的主力军。三是增强一线应急响应能力。绍兴全市结合深化“15分钟应急消防救援圈”建设，充分利用消防、原安监、森林防火资源站点和人员优势，组建“一专多能、一队多用”的镇街综合性应急救援队伍，全市提档升级，村级义务应急消防队500支。2022年，还组建应急“轻骑兵”，配备46辆摩托车及便携式应急急救装备，精准破解老城区及狭窄道路导致救援难题。

使用管理一体化，推动畅通“全方位、全领域、全过程”监管。一是建立全覆盖责任体系。向镇街延伸安全生产“1+X”责任体系，并明确相应工作规章，确保责任层层传导到位。梳理党委、政府责任清单和履职清单，推动履职尽责。把镇街纳入年度安全生产和消防工作目标责任制考核对象并进行指数排名，建立日常工作的联络对接和重点工作的督导机制，推动各项决策部署落实落地。二是建立全域监管体系。按照“横向到边、纵向到底、责任到位”的要求，绍兴市将村社区、企业园区应急消防工作纳入“五星3A”创建考核，深度融入“基层治理四平台”“110应急联动平台”，将安全生产、消防安全、自然灾害等风险隐患巡查等工作纳入基层网格员工作职责，拓展信息来源，充分发挥村社应急消防管理的“哨兵”作用，倡导隐患自查自改的同时，鼓励安全生产隐患举报，落实安全生产举报奖励制度，形成社会群防群治的良好氛围。严格落实隐患上报、核查、整改、查处、举一反三、复盘销号全过程机制，构建完善的信息收集、问题发现、任务流转、分级处置、结果反馈闭环系统。三是建立智能防控体系。立足预防为先、救援在前，用数字集成打造多渠道隐患智治、全要素指挥作战的风险防控格局。已上线“应急管理综合指挥”和“消防一体化智治”两大数字平台，贯通基层治理“四个平台”、餐饮油烟监测等9个系统，融入监督管理、监测管理、指挥救援、决策支持、政务管理5大应用，融合7大类1076项应急辅助信息和6.8万条消防物联数据，实现“一张图”统揽全域安全。借力网络大城市建设，实现了应急管理数字化应用与基层治理“141”体系、防汛防台在线、森林防灭火在线的区县、镇街全面贯通。四是建立高效救援体系。继续推进“快响直达”应急救援圈建设，加强组建基层综合应急救援队伍，结合本地风险特点、人员集中度等因素，编制针对性、操作性、协同性、识别性更强的应急预案，基层应急救援队伍与应急预案纳入市、县两级指挥调度体系，提升风险预警发布覆盖面和时效性。

2. 着力构建与全力推行四大管控支撑体系

构建任务导向、方向明晰的目标体系。将镇街应急和消防安全委员会和管理办公室的建成率和挂牌率、工作人员配备率、数字化应用延伸率、基层综合应急救援队伍组建率、应急物资装备和减灾生活物资标准化配备率和“多案合一”综合应急预案编制率“6个100%”设定为近期目标。对安全生产、消防安全、应急救援、防灾减灾领域，分解出生产安全和火灾事故起数、伤亡人数、有效救援时间、因灾致损致亡等18项重要指标，具体目标值设定均高于全省平均水平，将6个100%及18项重要指标的实现作为应急和消防融合后的成效进行衡量。

构建改革引领、条块清晰的工作体系。一是建立“全覆盖”的安全领导体系。深化镇街“1+X”安全责任体系，统一设置应急和消防安全委员会，下设应急和消防管理办公室，党委和政府定期研究应急管理和消防安全工作，制定镇村应急和消防管理日常工作制度，落实值班值守、信息报送、重大事项请示等标准化工作，制定辖区村（社）、企业应急和消防管理工作的指导、督促、考核机制，按照“有健全的班子、有独立的队伍、有独立的办公场所、有独立的执法办案能力、有经费保障、有执法车辆、有高效运行的机制”七有标准对应急和消防管理办公室进行标准化建设考核。二是建立“全方位”的安全责任体系。按照“全覆盖、无盲区”的要求，各镇街与村社、各类“个、微、小”主体，部门、行业、系统与所属企业将逐一签订安全生产和消防安全责任书；各行业主管部门下发安全生产和消防安全“正、负面”清单，应急和消防管理办公室统筹制定镇街“正、负面”清单，压实各职能办线和各类投资主体、产权单位、出租与承租主体、生产经营使用单位、施工单位、主办单位等各类主体的应急管理和消防安全责任。三是建立“可应用”的智能防控体系。立足预防为先、救援在前，用数字集成打造多渠道隐患智治、全要素指挥作战的风险防控格局。推动防汛防台在线、消防安全风险防控等数字化应用在镇街全面使用。全市1509家消防安全重点单位全部使用自主管理应用。四是建立“无盲区”的安全监管体系。按照“横向到边、纵向到底、责任到位”的要求，将安全生产、消防安全、自然灾害等风险隐患巡查等工作纳入网格员职责，构建信息收集、问题发现、任务流转、分级处置、结果反馈闭环系统。要求重大安全生产和火灾隐患挂牌，每年市级不少于20家，各区县不少于50家，年火灾起数超50起的镇街每年挂牌不少于1家。五是建立“群众性”的宣传教育体系。按照“会管、会逃、会救”的要求，区、县（市）安委办、消安办联合出台镇街宣传教育职责，部门制定宣传重点清单，并对乡镇街道每年开展不少于2次业务指导。各镇街每年制订年度培训计划，对社区应急管理员、网格员开展业务培训，企业依法对从业人员进行安全生产、消防安全教育和培训，村社应急消防安全宣传全覆盖活动，强化市民群众防灾减灾意识和自救互救能力。六是建立“高效率”的应急救援体系。在“15分钟应急救援圈”的基础上，2007个村社建立了应急突击队，全面推进全市农村应急广播系统建设，基层一线对自然灾害和突发事件做到了“快响直达”全覆盖。

构建专业取向、支撑有力的保障体系。一是加强力量保障。鼓励优秀年轻干部到镇街应急和消防管理岗位锻炼，在职务或职级晋升优先予以考虑。落实人员编制，省、市级中心镇等有条件的乡镇（街道）人员配置不少于7名，其他镇街不少于5名，具有行政执法资格人员不少于2名，做到“定岗、定责、定员”。二是加强基础保障。按“六个一”标准（一张责任表格、一套监测预警设备、一批防汛救灾物资、一套应急通信设备、一台应急发电机、一台排水泵）落实应急准备。三是加强经费保障。全市把应急消防管理工作列入十大民生项目，做到预算优先审批，奖补政策优先落实，社会应急救援队伍优先扶持。

构建奖罚分明、科学有效的评价体系。一是构建指标评价体系。建立安全生产风险管控指数和消防安全“枫桥指数”，对镇街开展安全生产和消防责任体系建设、安全隐患排查、重大事故隐患挂牌、监管执法、宣教培训等情况开展过程动态评价；实行“绿蓝黄红”四色过程管理，配套实行工作晾晒机制和“开小灶”“末位告诫”制度。二是构建社会评价体系。利用第三方评价机构，开展人民群众、社会团体对安全生产、防灾减灾及消防领域的安全感指数评价，以群众认可度、满意度为标准，体现镇街应急和消防工作成效。三是构建组织评价体系。将应急和消防管理工作纳入急难险重岗位对待，对工作中表现突出的集体和个人，及时予以褒扬激励。开展“最美应急人”“最美消防员”“119消防奖”等评选活动，提高基层镇街、村社应急和消防工作人员和社会救援力量、志愿者等群体获奖比例，提升岗位（职业）荣誉感。

拓展阅读 基层应急管理能力

做好基层应急管理工作，关键是提升应急管理能力，包括基层干部的个人能力和管理团队的集体能力。

就个人应急管理能力而言，习近平总书记强调，年轻干部要提高应急处突能力。预判风险是防范风险的前提，把握风险走向是谋求战略主动的关键。要增强风险意识，下好先手棋、打好主动仗，做好随时应对各种风险挑战的准备。要努力成为所在工作领域的行家里手，不断提高应急处突的见识和胆识，对可能发生的各种风险挑战，要做到心中有数、分类施策、精准拆弹，有效掌控局势、化解危机。要紧密结合应对风险实践，查找工作和体制机制上的漏洞，及时予以完善。

就基层应急管理团队的集体能力而言，基层应急管理团队要具备履行本级应急管理职责的能力，包括独立开展相关工作的能力和辅助上级开展应急管理的能力。一般来说，基层应急管理团队的集体能力主要有预防准备（7项）、监测预警（5项）、处置救援（14项）、恢复重建（11项）。

1. 预防准备阶段

（1）计划规划能力

制订年度应急管理计划，编制应急预案。

（2）组织协调能力

整合官方和民间相关方面共同参与预防准备工作。

（3）沟通动员能力

就风险防范、应急准备与公众和有关方面进行有效沟通，尤其是对弱势群体（如老人、儿童、残障人士等）进行有效沟通。

（4）风险评估能力

就区域/行业风险进行分析，并对可能造成突发事件的隐患进行排查。

（5）降低脆弱性能力

降低系统或基础设施等的脆弱性，提升其韧性。

（6）应急准备能力

就应急人力、物力、财力等做好准备工作。

（7）韧性建设能力

提升有关单位、基层或地方抗击突发事件的能力。

2. 监测预警阶段

（1）计划规划能力

制订风险信息监测计划，采取预警行动方案。

（2）组织协调能力

整合官方和民间相关方面共同参与信息监测和预警行动。

（3）沟通动员能力

就风险信息与公众和有关方面进行有效沟通，必要时发布预警信息，并确保弱势群体也及时获取信息。

（4）监测能力

对风险和突发事件苗头进行动态监测。

（5）预警能力

对可能发生的突发事件形势进行研判，做出预警决策。

3. 处置救援阶段

（1）计划规划能力

迅速制订突发事件初期应对行动方案。

（2）组织协调能力

整合官方和民间相关方面共同参与突发事件应对。

（3）沟通动员能力

就突发事件形势、官方已采取的行动及公众应对要点，与公众和有关方面有效地沟通。

（4）信息管理能力

就突发事件及突发事件应对的信息进行有效整合与管理。

（5）形势研判能力

就突发事件形势进行系统思考、做出趋势预判。

（6）应急交通能力

为应急救援（包括人员疏散及向灾区运送救援人员和物资）提供交通运输保障。

（7）应急通信能力

确保救援者的通信需求，保障基本公众通信需求。

（8）基础设施保障能力

保障关键基础设施稳定发挥作用，最大限度降低健康和安全威胁，有效恢复有关服务系统功能，保障受灾地区生活需求。

（9）抢险和确保环境安全能力

解除生存环境方面险情，确保生存环境安全的能力。

（10）人员搜救能力

在最短时间内，拯救处于危境中最多数人的生命。

（11）应急医疗卫生服务能力

提供紧急医疗服务和相关行动以抢救生命，通过向受灾群众提供针对性的公共卫生和医疗支持，避免额外的疾病和伤害。

（12）受灾人员救济能力

向受影响的人员（重点是最需要帮助的人，如儿童）提供维持生活的各种服务（如水、食品和安全避难场所）。

（13）遇难者管理服务能力

寻找遇难者遗体，进行身份识别，妥善处理遗体，将有关信息告知遇难者家属。

（14）救援现场安全与保护能力

为受灾区域提供有效的治安管理与服务，为救援人员提供必要的安全保障。

4. 恢复重建阶段

（1）计划规划能力

制订恢复重建方案。

（2）组织协调能力

整合官方和民间相关方面共同参与恢复重建。

（3）沟通动员能力

就恢复重建工作向公众沟通，并动员公众参与恢复重建工作。

（4）住房重建能力

帮助受灾地区人民群众建设长期安全住所。

（5）基础设施恢复能力

帮助群众全面恢复重建基础设施。

（6）经济恢复能力

推进经济活动恢复到正常状态，开发新的商业和就业机会，形成可持续发展的局面。

（7）卫生和社会服务恢复能力

恢复和增强卫生和社会服务网络。

（8）自然生态环境恢复能力

使自然生态环境恢复到正常、安全、健康的水平。

（9）文化遗产恢复能力

使历史文化遗产得到妥善恢复。

（10）调查评估能力

对受灾情况做出全面系统评估。

（11）总结改进能力

对突发事件应对和恢复重建工作的得失做出系统反思、总结。

第二章　基层应急管理基本理念

理念引领行动，应急管理理念是应急管理组织和应急管理者行为的思想遵循。党中央要求应急管理工作要坚持人民至上、生命至上，维护公共安全要做到安全第一、预防为主。基层应急管理人员要高质量做好工作，就要明确党的新时代应急管理理念要求，按照理念的要求做好应急管理工作。

基层应急管理的主要理念包括：总体上，践行基层应急管理使命；对事上，应急管理工作要遵循基层应急管理原则；对人上，应急管理人员要践行基层应急管理精神（见图2–1）。

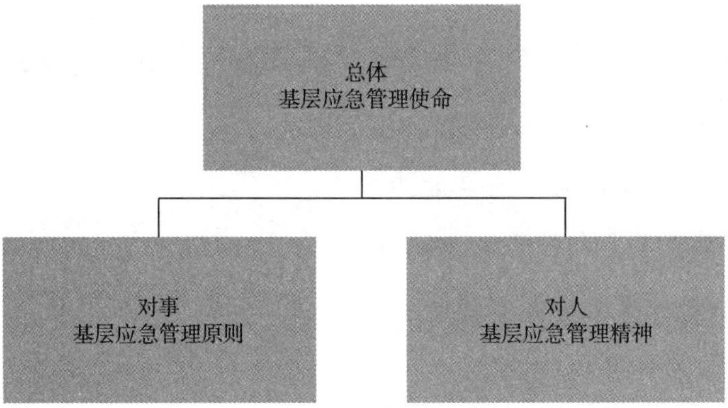

图 2–1　基层应急管理基本理念结构

一、使命

使命（宗旨、目的）是组织的根本任务。总体国家安全观要求“坚持以人民安全为宗旨”；《中华人民共和国国家安全法》规定维护国家安全要“以人民安全为宗旨”；《中华人民共和国突发事件应对法》表明我国应急管理的使命是“保护人民生命财产安全，维护国家安全、公共安全、环境安全和社会秩序”。

基层应急管理的使命是基层应急管理组织与基层应急管理工作者的根本任务，即：确保基层人民群众安全和保障基层社会安全发展，推进基层应急管理现代化。

（一）确保基层人民群众安全是党的宗旨的集中体现

新中国成立以来，我国突发事件应对的工作目标、价值依据、决策取向和行动选择都是将人民群众的生命财产安全放在首位。在历次重特大突发事件应对中，各级党委和政府都始终与灾区人民同呼吸、共命运、心连心。党中央往往在灾害发生后的第一时间就把救灾确定为全党、全国最重要、最紧迫的任务，周密组织群众、科学调度资源，建立上下贯通、军地协调、全民动员、区域协作的工作机制，迅速组织各方救援力量赶赴灾区，紧急调集大批救灾物资运往灾区，精心部署受灾群众安置工作，及时推动灾后恢复重建，甚至举全国之力抗灾救灾。

基层应急管理工作的使命既是党的使命宗旨与党的理论所要求的，也是国家应急管理相关法律规范所赋予的，必须切实担负起来。

（二）保障基层社会安全发展是国家发展的需要

基层社会安全发展是实现民族复兴、国家发展这一根本战略任务的需要。习近平总书记强调，坚持统筹发展和安全，坚持发展和安全并重，实现高质量发展和高水平安全的良性互动，营造有利于经济社会发展的安全环境。基层工作者要在基层发展中更多考虑安全因素，努力实现基层发展和安全的动态平衡，既要高质量发展，也要高水平安全。

（三）推进基层应急管理现代化是新时代国家治理的战略要求

按照党中央要求，要把基层一线作为公共安全的主战场，动员全社会的力量维护公共安全。这就要形成党委领导、政府负责、社会协同、公众参与、科技支撑的基层应急管理工作格局，切实重视基层应急管理，不断完善体系、健全机制、落实责任，强化系统治理、依法治理、综合治理、源头治理，提高基层安全风险防范能力、应急处置能力、队伍实战能力，实现机构人员、责任体系、救援力量、场所设施、物资装备“五落实”。

二、原则

应急管理工作的原则是应急管理决策与行动的指挥棒。各级应急管理都要坚持党的全面领导，把党的领导贯穿基层应急管理全过程、各方面，要坚持系统治理、依法治理、综合治理、源头治理等基本原则。就基层应急管理而言，应着重遵循以下7项具体工作原则（见图2–2）。

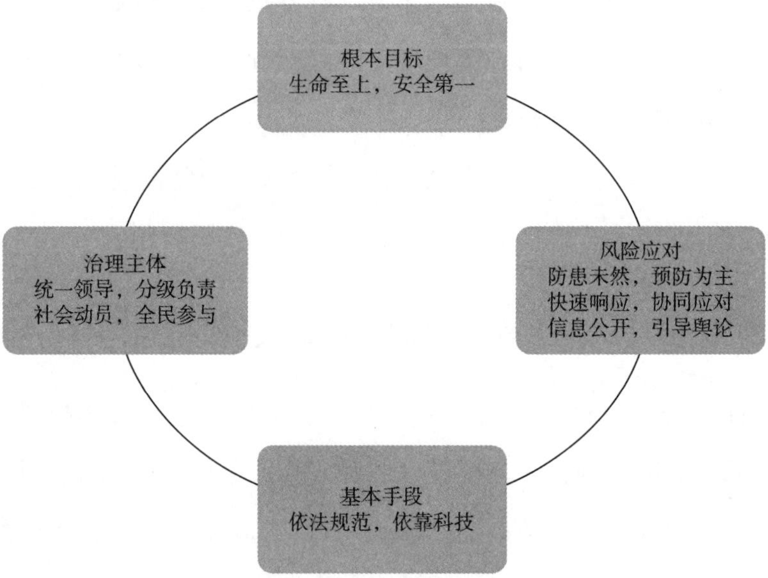

图2–2　基层应急管理原则

（一）生命至上，安全第一

基层应急管理坚持生命至上，始终把人民群众生命安全放在第一位，牢牢树立发展不能以牺牲人的生命为代价这一观念。应急管理担负保护人民群众生命财产安全和维护社会稳定的重要使命，基层应急管理要把人民至上、生命至上作为根本价值、根本遵循，紧盯威胁人民生命财产安全的各类风险，不懈开展风险治理。

基层应急管理坚持安全第一，就是要把保障基层群众的生命安全和身体健康、最大限度预防和减少突发事件造成的人员伤亡作为基层应急管理的首要任务，同时也要切实加强基层应急管理人员、应急救援人员的安全防护。

（二）统一领导，分级负责

基层应急管理的统一领导，就是在党中央统一领导下，在上级党委引领下，基层党组织负责领导好本区域的应急管理工作——统筹整合乡镇（街道）、村（社区）的安全生产、防汛抗旱、消防森防、防灾减灾救灾等方面力量，健全完善乡镇（街道）、村（社区）应急管理组织体系。

基层应急管理的分级负责，就是明确乡镇（街道）应急管理职责和村（社区）应急管理工作内容，实施应急管理网格化管控，健全完善横向到边、纵向到底的应急管理体系，形成上下贯通、协调一致、各负其责、齐抓共管的工作格局。

（三）社会动员，全民参与

基层应急管理的社会动员，就是发挥政府的主导作用，构建全社会参与的应急管理社会共治格局，促进政府治理、社会调节、居民自治相统一，发展壮大群防群治力量，构建人人有责、人人尽责、人人享有的社会共同体。要注重发挥社区、企事业单位和志愿者队伍的作用，动员企业及全社会的人力、物力和财力，依靠公众力量，形成应对突发事件的合力。

基层应急管理的全民参与，就是增强公众的公共安全和风险防范意识，提高全社会的避险救助能力，筑牢防灾减灾救灾人民防线。基层应急管理的重要方面是要以“人人讲安全、个个会应急”为目标打造安全应急文化：所谓“人人讲安全”，可以理解为通过宣传教育，使全社会每个人都树牢安全意识、掌握安全常识，在工作和生活中主动讲求安全、追求安全；所谓“个个会应急”，可以理解为通过培训演练，使每个人都学会安全防护、应急避险、应急处置的基本技能。

（四）防患未然，预防为主

基层应急管理要做到防患于未然，加强灾害防治能力建设，加大风险辨识管控和隐患排查治理力度，最大限度减少各类生产安全事故、自然灾害、公共卫生事件、社会安全事件及其造成的人员伤亡和财产损失。

基层应急管理要坚持以防为主、防抗救相结合，坚持常态减灾和非常态救灾相统一；努力实现从注重灾后救助向注重灾前预防转变，从应对单一灾种向综合减灾转变，从减少灾害损失向减轻灾害风险转变。要超前准备、及时响应，筑牢防灾减灾救灾的人民防线，坚持早发现、早报告、早预警、早处置，坚持精准预警、精准防控、精准治理、精准核救，从源头上防范化解重大安全风险，把问题解决在萌芽之时、成灾之前。

（五）快速响应，协同应对

基层应急管理要做到快速响应，就要加强应急管理队伍能力建设，健全预警响应与应急响应机制。基层应急组织要在突发事件即将发生或刚刚发生时，迅速组织预警避险、自救互救，发挥好基层“第一响应人”作用。

基层应急管理要做到协同应对，就要加强区域合作和部门合作，建立协调联动机制，形成统一指挥、反应灵敏、功能齐全、协调有序、运转高效的应急管理快速应对机制，充分发挥专业救援力量的骨干作用与社会力量的基础作用。

（六）信息公开，引导舆论

基层应急管理的信息公开，就是在应急管理工作中，依据有关规定和上级要求满足社会公众的知情权，做到突发事件应对信息透明、信息公开（涉及国家机密、商业机密和个人隐私的信息除外）。

基层应急管理的引导舆论，就是要积极关注社会公众的舆情，了解社会公众的所思、所想、所愿，对涉及突发事件的舆情进行及时、正确、有效的引导。

（七）依法规范，依靠科技

基层应急管理的依法规范，就是要依法依规规范应急管理工作，完善基层各项应急管理制度；要增强基层应急预案的科学性、权威性和可操作性。

基层应急管理的依靠科技，就是要充分发挥专家作用，实行科学民主决策；注重采用先进的救援装备和技术，增强应急救援能力；在加强基层智慧治理能力建设进程中，不断提升基层应急管理的信息化智能化水平，在基层监测预警、监管执法、辅助指挥决策、救援实战、社会动员等方面深化大数据、人工智能、物联网、云计算等新技术应用，以科技和信息化引领基层应急管理的智能化转型。

三、精神

2018年11月9日，中共中央总书记、国家主席、中央军委主席习近平向国家综合性消防救援队伍授旗并致训词，明确指出“对党忠诚，纪律严明，赴汤蹈火，竭诚为民”十六字方针，立意高远深邃、内涵丰富深刻、表述言简意赅，不仅是消防队伍的核心价值，也是全面建设高素质应急管理队伍的重要指引。基层党组织应把落实训词精神作为落实党对应急管理事业领导的重要任务和抓手，努力落到实处、抓出成效，以饱满的精神状态做好应急管理工作。

（一）把握政治方向，始终对党忠诚

在思想政治上，基层应急管理队伍要始终对党忠诚。应急管理肩负着

维护国家安全、公共安全，以及防范化解重大风险的重要职责，政治责任重大。为此，必须切实坚持党的领导，努力增强“四个意识”、坚定“四个自信”、做到“两个维护”。要在思想上坚定理想信念、忠诚党的事业，在行动上坚决听从党的号令，永远做党和人民的忠诚“守夜人”。

基层党组织要把对基层应急管理工作者，特别是对党政领导干部的忠诚教育落到实处。一要认真组织学习，要加强政治理论学习，特别要加强新时代党的创新理论的学习，加强伟大建党精神的学习。二要落实严格要求，把党的要求作为应急管理工作的根本指针。三要加强严格考察，把对党忠诚的政治态度作为考察应急管理干部胜任不胜任、应急管理工作合格不合格的首要标准。

（二）狠抓作风建设，做到纪律严明

在作风上，基层应急管理队伍要做到纪律严明。应急管理工作关乎国家公共利益和人民生命安全，丝毫马虎不得，也丝毫松懈不得，基层应急管理队伍必须是一支作风过硬的“铁军”。为此，应当学习借鉴人民军队的光荣传统和优良作风，对人员严格教育、严格要求、严格管理。应急管理队伍要用铁的纪律严格要求自己，做到日常工作令行禁止、解决问题严深细实、应急处置听从指挥。

基层党组织要把作风建设作为落实党对基层应急管理工作领导的重要方面。一要狠抓作风教育，使广大基层干部认识到优良作风和铁的纪律是做好应急管理工作的重要保障。二要狠抓制度建设，以严格的制度保障严明的作风与纪律落到实处。三要狠抓作风管理，通过奖罚分明的严格管理落实纪律严明的政治要求。

（三）锻造斗争精神，敢于赴汤蹈火

在应急处置上，基层应急管理人员要敢于“赴汤蹈火”。应急管理工作时刻面对着各种风险挑战，面对着处置突发事件的艰巨任务，应急管理

工作者必须有极大的勇气和过硬的本领应对各种挑战。为此，基层应急管理队伍要以快速有效处置突发事件为重要职责，时刻听从党和人民的召唤，保持随时能战、快速反应的备战状态。要练就科学高效、精准应急的过硬本领，发扬英勇顽强、不怕牺牲的战斗作风，做到召之即来、来之能战、战之必胜。

基层党组织要着力培养斗争精神，使勇于赴汤蹈火真正成为广大基层干部的过硬作风。一要狠抓日常培训和训练，使广大基层干部具备过硬的应急处置本领。二要加强培养基层干部的斗争精神，增强以斗争精神攻坚克难的政治自觉。三要坚决领导完成好急难险重任务，尤其要在突发事件应急处置的斗争实践中锻炼基层干部。

（四）坚持人民立场，永远竭诚为民

在工作要求上，基层应急管理队伍要永远竭诚为民。人民群众对应急管理工作的期待很高、要求很高。为此，应急管理队伍要坚持以人民为中心，自觉把人民放在心中最高位置，把人民生命财产安全放在第一位。要把人民的认可和褒奖作为最高荣誉，在人民群众最需要的时候冲锋在前，救民于水火，助民于危难，给人以力量；在服务人民的过程中待人民群众如亲人，不折不扣地把党和政府的关爱传递给人民群众，把社会主义大家庭的温暖传递到全社会。

基层党组织要把全心全意为人民服务的宗旨要求落到实处。一要坚持不懈地教育广大基层干部牢固树立“人民至上、生命至上”的理念。二要按照“以人民为中心”的思想要求完善应急管理工作体系，理顺应急管理工作流程。三要不断提高广大基层干部保护人民群众生命财产安全的能力，切实把日常安全应急科普宣教、维护安全的生产生活环境及灾难中受灾群众的救助工作等做实做细做好。

典型案例 浙江宁波：基层党建引领安全管理

浙江宁波应急管理系统将党建工作与应急消防信息化管理工作有机融合，构建了党建引领下的应急消防管理体系，这体现了党的使命宗旨，也体现了新时代基层应急管理精神。

1. 把基层党建与广大群众安全意识提升相结合

宁波应急管理系统认识到，党建引领下的应急消防，不仅是消除火灾、防止火灾的发生，更应该是消除社会不稳定因素，防止各类社会不安事件。因此，将党建工作与应急消防管理工作在基层深度融合，以应急消防安全管理为切入口，加强基层党组织建设，实现基层党组织全覆盖，不断增强基层党组织的凝聚力、战斗力。

宁波应急管理系统通过构建党建引领下的“大应急、大消防、大安全”体系，实现党建与安全“五进一创”——进园区、进商圈、进企业、进校园、进社区，创路线。将安全作为党建工作的载体，力求党建工作在安全载体上深扎根，长出参天大树，实现党建与安全有机融合。以“党建带群建、党员领全员”为方向，建机制、提能力，党员“走在前、作表率”，形成党建引领应急消防全局建设的工作新格局，以党建“绣花针”穿起民生“千条线”，以基层应急消防管理为切口，将习近平新时代中国特色社会主义思想传入千家万户。

2. 把基层党建与应急消防管理能力提升相结合

宁波应急管理系统认识到，基层是党建工作的基础和重心，只有发挥基层党组织战斗堡垒作用，充分将党建工作与业务工作有机融合，要素互转、优势互补，才能进一步强组织、提效能、重创新、求实效、促发展，助力应急消防管理不断满足人民群众的新需求。

宁波充分运用物联网、大数据、数字孪生等核心技术，通过结合三维城市建模和物联网设备助力市域安全建设，将各类安全相关设备设施进行标准化、统一化、体系化管理，围绕基层应急消防安全责任体系、指挥体系、处突体系、力量体系、保障体系这五大体系，搭建隐患治理、队伍建设、救援指挥、培训演练、物资保障，预警预测和模型研判等功能模块。

3. 把基层党建与服务群众生产生活、提升群众安全感相结合

宁波应急管理系统认识到，应急消防管理工作不仅是管理，更是服务——管理蕴含着服务，服务提升了管理。只有以一个个基层党组织为战斗堡垒、以一名名党员为服务先锋，才能更好地提升基层应急消防队伍的服务意识和服务能力，更充分地搭建服务平台和服务活动。

在宁波基层应急管理系统中，展示党员公示、党员学安全、党员讲安全、党员抓安全、典型人物、典型事迹，充分将党建工作与应急消防管理工作有机融合。

拓展阅读 传统文化中的安全应急锦言

中华文明五千多年连绵不断，在防范风险应对危机方面有着深刻的智慧。做好今天的基层应急管理工作，也要不断从中华优秀传统文化中汲取有益养分。

1. 居安思危

天有不测风云，人有旦夕祸福。——（北宋）吕蒙正《破窑赋》

安危相易，祸福相生。——《庄子·杂篇·则阳》

傲不可长，欲不可从，志不可满，乐不可极。——《礼记·曲礼上第一》

放情者危，节欲者安。——（三国·魏）桓范《政要论·节欲》

乐不可极，极乐成哀；欲不可纵，纵欲成灾。——（唐）吴兢《贞观政要·论刑法》

天下兼相爱则治，交相恶则乱。——《墨子·兼爱上第十四》

2. 深谋远虑

君子安而不忘危，存而不忘亡，治而不忘乱。——《周易·系辞下》

君子有终身之忧，无一朝之患也。——《孟子·离娄下》

生于忧患，而死于安乐也。——《孟子·告子下》

凡人有忧而不知忧者，凶；有忧而深忧之者，吉。——（西汉）董仲舒《春秋繁露·玉英第四》

明者防祸于未萌，智者图患于将来。——（西晋）陈寿《三国志·吴书·吕蒙》

远虑者安，无虑者危。——（汉末三国）诸葛亮《便宜十六策·阴察第十六》

3. 有备无患

凡事豫则立，不豫则废。——《礼记·中庸第三十一》

备豫不虞，为国常道。——（唐）吴兢《贞观政要·纳谏·直言谏争附》

未雨绸缪。——《诗·豳风·鸱鸮》

曲突徙薪亡恩泽。——（东汉）班固《汉书·霍光》

思则有备，有备无患。——《左传·襄公十一年》

4. 防微杜渐

君子以思患而豫防之。——《易·既济》

聪者听于无声，明者见于未形。——（东汉）班固《汉书·伍被》

明者远见于未萌，而智者避危于无形。——（汉）司马相如《上书谏猎》

不困在于早虑，不穷在于早豫。——（西汉）刘向《说苑·谈丛》

为之于未有，治之于未乱。——《道德经·第六十四章》

消未起之患，治未病之疾。——（东晋）葛洪《抱朴子·地真》

当杜渐防萌，慎之在始。——《晋书·王敦》

慎终如始，则无败事。——《道德经·第六十四章》

5. 举一反三

前车之覆，后车之戒。——《资治通鉴·晋纪·显宗成皇帝·八年》

亡羊而补牢，未为迟也。——《战国策·楚策四》

人谁无过，过而能改，善莫大焉。——《左传·宣公二年》

第三章　基层应急管理领导组织

推进基层应急管理体系现代化的一项重要工作是完善充实基层应急管理主体体系。按照2021年出台的《中共中央　国务院关于加强基层治理体系和治理能力现代化建设的意见》（以下简称《意见》）要求，提升基层应急管理能力，要切实加强党对基层应急事业的领导，健全基层应急管理组织体系，强化基层属地责任，建立统一指挥的基层应急队伍，动员基层力量共同做好基层应急工作（见图3–1）。

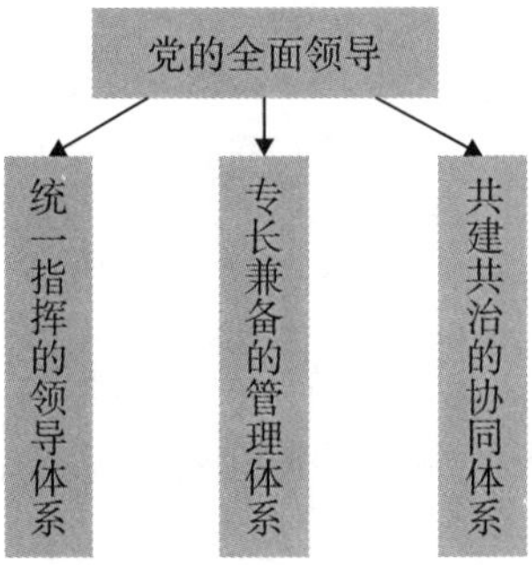

图3–1　基层应急管理领导组织体系示意

一、党的全面领导

《意见》提出“要完善党建引领的社会参与制度”，“搭建区域化党建平台，推行机关企事业单位参与乡镇（街道）、村（社区）党组织联建共建，组织党员、干部下沉参与基层治理、有效服务群众”。党的二十大报告也提出“增强党组织政治功能和组织功能”，“推进以党建引领基层治理”。党建引领基层应急管理主要体现在以下4个方面。

（一）落实乡镇党委和政府领导责任

落实乡镇党委和政府自然灾害防治主体责任、安全生产与公共安全领导责任，按照“党政同责、一岗双责、齐抓共管、失职追责”的要求，建立领导干部应急管理责任制，乡镇（街道）党（工）委和政府（办事处）主要负责人为应急管理第一责任人，负责组织领导本辖区应急管理、安全生产和防灾减灾救灾等工作，定期研究基层应急管理工作，分析把握安全生产、自然灾害等规律特点，研究制定有针对性和可操作性的防控措施，组织制订年度工作计划，组织编制应急救援预案，支持指导应急管理办公室开展工作，协调解决应急管理、安全生产和防灾减灾救灾重大问题，组织指挥事故灾害应急救援；其他副职按照工作分工，协助主要负责人做好分管领域应急管理、安全生产和防灾减灾救灾等工作，研究解决分管领域应急管理、安全生产和防灾减灾救灾问题。要落实基层应急管理责任制，组织制订年度工作计划、健全完善运行机制，指导承担应急管理工作的机构开展工作，协调解决基层应急管理重大问题，指挥事故灾害应急救援。

（二）发挥基层党组织的战斗堡垒作用

坚持加强党的领导，做实“党建 + 应急管理”，推动党的建设融入基层应急管理各项工作，充分发挥基层党组织的战斗堡垒作用和党员的先锋模范作用。基层党建的目标任务就是，把基层党组织建设成为宣传党的主张、贯彻党的决定、领导基层治理、团结动员群众、推动改革发展的坚强战斗堡垒。在历次突发事件应对过程中，各地基层党组织发挥了坚强的战斗堡垒作用，成为贯彻落实党的应急工作指导方针的主力军和突击队。这充分显现了中国特色社会主义制度的显著优势，必须将其发扬光大。

基层党建工作与安全应急工作要进一步有机融合，把加强党对基层应急工作的领导落到实处，发挥好基层党组织在基层应急指挥系统、在基层应急救援工作、在基层群众中的领导核心和主心骨作用；把加强基层党组织对应急管理队伍、应急救援队伍、应急社会力量等的领导作用落到实处。将党领导基层应急工作作为基层党建工作和基层应急能力建设的重要内容，在政治上领导和监督好基层风险防范、信息监测、应急准备等各项预防准备工作，在突发事件应急处置救援过程中发挥好基层党组织的政治引领和政治监督作用。

发挥好基层街乡、社区党组织的属地管理作用。必要时在乡镇街道、城乡社区设立基层党的领导小组、临时党委、临时党支部等，使其在上级党组织的统一领导下，整合各方下沉基层社区的应急力量，在遂行急难险重任务中发挥团结人、凝聚人的重要作用，带领各方应急队伍和基层群众开展好应急处置工作。

（三）发挥基层党政干部的领导作用

在历次重大突发事件应对过程中，各级党政干部发挥了领导骨干作用，是一支在政治上靠得住、在业务上顶得上的力量。但是与复杂的公共安全形势要求和人民群众对安全的需求相比，党政干部应急处突能力跟不上的现象仍普遍存在。

要着力推进提高基层干部应急处突能力，使其更加胜任应急管理工作。要加强基层党政干部，尤其是年轻干部的思想淬炼、政治历练、实战锻炼，使其能够在突发事件应对过程中勇于担当、冲锋在前。

基层干部在平时要主动增强风险意识，努力成为行家里手，有“草摇叶响知鹿过、松风一起知虎来、一叶易色而知天下秋”的见微知著能力，对潜在的风险有科学预判，知道风险在哪里，表现形式是什么，发展趋势会怎样。做好风险防范和应急准备工作，下好先手棋、打好主动仗，做好随时应对各种风险挑战的准备，提升领导破解应急工作难题的能力。

在应急处突工作中，要进一步发挥好领导指挥作用。不断提高应急处突的见识和胆识，对发生的各种风险挑战，要做到心中有数、分类施策、精准拆弹；提升协调各方的能力，做到善于引导群众、组织群众，善于整合各方力量、科学排兵布阵，有效掌控局势、化解危机。

突发事件发生后，要能够化危为机，紧密结合应对风险和突发事件的经验教训，查找工作和体制机制上的漏洞，及时予以完善。

（四）发挥广大党员的先锋模范作用

中国共产党是中国工人阶级的先锋队，同时也是中国人民和中华民族的先锋队。发挥广大党员在应急事业中的先锋模范作用，既是我党一条重要的成功经验，也是今后应急能力建设和应急处突工作中应进一步巩固和加强的重点工作。

将安全应急教育融入“不忘初心、牢记使命”的党性教育中。各级党组织应着力教育广大党员承担起保障安全发展的一份责任，树立起共产党员应当成为应急事业的骨干、成为安全应急志愿者和应急突击队员的意识。要教育广大党员在公共安全领域率先垂范，成为各领域各岗位的模范遵守安全规章、主动监督和维护身边安全的重要力量。要鼓励其在应对突发事件的斗争中迎难而上，把参与应急处突当作加强党性锻炼的最好熔炉。例如，2023年，福建省将防汛防台风工作作为开展主题教育的重要检验，号召广大党员挑重担、当先锋、打头阵，29.22万名基层党员干部下沉一线，提前向重点区域调配应急力量、设备物资，全面落细防范措施，筑牢防御屏障。

平时，基层党组织可通过组织培训和学习活动帮助党员掌握风险隐患识别、应急处置救援等方面的知识和技能。要训练广大党员成为应急处突过程中能够担负急难险重任务的骨干力量、突击力量；还要教育各单位的党员按照属地管理为主的原则，在基层党委和政府、基层社区的带领下，自觉成为维护基层公共安全的中坚力量。

二、统一指挥的领导体系

党的二十大要求“建立大安全大应急框架，完善公共安全体系”。而基层管理力量薄弱，就不可能专门为应急管理设置很多专职工作人员，为此，要走多机制融合的道路，以充实和完善基层安全应急领导指挥体系。针对基层各级工作人员数量少、任务庞杂繁重的特点，可在党组织的领导下创新性地实行平急结合的安全应急领导指挥体系。

（一）完善乡镇应急领导指挥体系

乡镇人民政府、街道办事处应当履行针对各类突发事件的综合管理、统筹协调、行政执法和应急处置等职责，组织落实本辖区内社会治理与应急管理工作，指导村（居）民委员会规范化建设，健全自治机制，组织动员辖区各单位、各类组织及公众参与基层应急治理工作，创新社会治理方式，促进基层和谐稳定。

在乡镇（街道）一级，可成立乡镇（街道）、功能区应急管理委员会，由党政主要负责同志担任“双主任”，也可以赋予平安建设领导小组以总体公共安全治理和各类突发事件应急指挥的决策议事协调机构的职能。具体说，乡镇（街道）应急管理委员会或乡镇平安建设领导小组以书记和行政一把手为首，由本级所有相关部门、上级下沉本级机构、驻地相关机构及其他较具规模组织（如志愿者组织）的负责人构成。根据需要，该机制也可以同时加挂本级安全生产委员会、减灾委员会、维稳处突指挥部、应急指挥部（不再分设各类自然灾害、安全生产、公共卫生应对的专项指挥部）牌子。书记（和行政一把手）兼任各委员会主任、各指挥部指挥长，相应分管负责同志担任相应机制的副职。应急管理委员会（平安建设领导小组）可下设综合协调、抢险救援、社会稳定、群众安置、宣传报道等职能工作组，负责落实相关的跨部门工作。这些工作组也可同时属于有关专门委员会和指挥部（不合适的除外）。各职能工作组由主责部门牵头负责，其他相关部门参与。

建立完善应急指挥体制。乡镇（街道）、功能区要完善应急指挥体系，由党委（党工委）或政府（管委会）主要负责同志担任总负责人（指挥长），相关工作部门为成员单位，负责辖区内自然灾害、安全生产事故、公共卫生事件、社会安全事件等应急处置工作的指挥与协调。具体工作包括，充分利用应急指挥平台和综合管理系统接报事故灾害信息、会商研判发展态势、第一时间做好事故灾害初期处置，以及指挥应急队伍力量、调配应急装备物资等。

（二）完善村（社区）应急领导指挥机制

村（居）民委员会应当依法协助乡镇人民政府、街道办事处开展应急管理与平安建设工作，加强群防群治、联防联治机制建设，推动应急管理与平安建设相关内容纳入村规民约、居民公约，组织引导村（居）民参与平安建设活动。在村（社区）一级，赋予党组织领导下的基层治理联席会议对应上一级各个安全应急决策议事协调机构的职能，加挂平安建设工作小组、应急处突指挥组的牌子。该机制同样可以下设综合协调、抢险救援、社会稳定、群众安置、宣传报道等职能工作组，各职能工作组均整合各方下沉力量和本级工作人员。这一机构平时履行平安建设职责，突发事件发生后履行基层第一响应人骨干队伍的职责。

（三）加强网格应急领导指挥机制

在网格一级，则以网格党支部（党小组）为应急管理与平安网格工作领导小组，党建指导员、网格民警、网格员、驻村工作队成员、下沉党员干部、骨干居民等为其骨干成员。应急管理与平安网格工作领导小组平时履行平安建设职责，突发事件发生后履行本网格基层第一响应人职责。

三、专长兼备的管理体系

要多职能融合，加强安全应急综合部门力量建设。安全应急综合部门是安全应急工作的枢纽。目前，省（市、区）、地市、县区三级都已经建立了以政法机关统领社会安全与社会稳定、应急管理部门负责自然灾害和事故灾难应对、卫生健康部门负责公共卫生事件应对的格局。但是在乡镇及以下，除了综治中心，大多则缺乏明确的统领综合应急管理部门。

（一）建强乡镇应急管理综合部门

我国乡镇级应急管理部门建设参差不齐，有的设立了专门部门，有的与其他部门合署办公，有的则没有明确指定部门。全国各地在基层应急管理机构设置方面积极探索。例如，江苏省组建乡镇（街道）安全生产和消防综合监管队伍，实现“一支队伍管安全和消防”——打通“神经末梢”，推动企业配备专兼职安全员，小场所和人员密集场所配备专兼职消防安全员，发挥基层网格员作用，真正打通了“最后一米”。为有效提升基层监管队伍能力，加强乡镇（街道）安全生产综合监管能力建设，开展专兼职安全员、消防安全员规范化建设，发挥基层“网格员”作用，推动责任落实横向到边、纵向到底、具体到人。

各地应考虑在乡镇一级设立应急管理中心（或称应急管理办公室），负责公共安全的综合管理工作。区县工业园区、开发区等功能区，也应同步明确承担应急管理工作的机构。力量较强的乡镇可独立设立相应部门，力量薄弱的乡镇可与综治中心合署办公，或由武装部等部门承担其职责。这一部门要整合安全生产、防汛抗旱、地质灾害防御、森林防灭火、消防、灾情管理等资源和力量，明确承担应急管理工作的机构，明确分管领导，落实专兼职工作人员。以上主要是对应县区应急管理局，以及卫生健康委、市场监督管理局等机构的应急管理工作。其指挥平台应当成为“一线指挥部”指挥平台的一部分。

乡镇（街道）承担应急管理工作的机构负责落实本辖区自然灾害应对、安全生产综合监管、公共卫生安全与食品药品安全监管等职能。通过广播、电视、网络和新媒体等形式，面向社会公众普及应急管理知识和各类灾害事故防范应对技能，开展综合减灾示范乡镇（街道）创建；排查辨识辖区内自然灾害和安全生产风险隐患，定期组织开展防火监督检查，建立风险隐患台账和数据库，制定风险隐患管控治理措施，及时发布风险隐患监测预警，及时报告重大风险隐患和违法行为；组织编制各类应急预案，并定期组织开展实战演练；按照有关规定配备、使用、管理应急物资和救援装备；落实应急值守制度，及时报告灾害事故信息，及时开展救援处置，及时组织群众自救互救和避险转移安置，组织灾情统计报送、核查、损失评估和救助管理等。

落实上级相关部门交办的公共安全与应急管理事务。按照权责一致的原则，对乡镇（街道）有能力承担的县级应急管理、消防行政执法事项，依法赋予或委托乡镇（街道）承接。协助县级应急管理部门开展监管执法，乡镇（街道）和县级以上人民政府的派出机构要积极探索加强基层应急管理执法的途径和方式，通过委托执法、派驻执法、赋权下放等方式，充实基层安全生产执法力量。建立安全生产、防灾减灾救灾、应急救援等应急管理行政执法与县级专业执法的协调配合机制。

（二）配齐村（社区）应急管理机构

行政村（社区）应设立应急服务站（点），在乡镇（街道）承担应急管理工作的机构指导下，协助做好属地应急管理工作。

落实行政村（社区）应急管理工作责任。行政村（社区）要积极协助乡镇（街道）做好安全生产、防灾减灾救灾等基本知识、常识和技能的宣传普及，负责开展综合减灾示范社区（含行政村）创建；协助做好安全生产事故防范及水旱灾害、山洪灾害、森林火灾、消防、气象灾害、地震和地质灾害等防治，定期巡查检查、督促隐患整治，第一时间发现风险隐患、第一时间监测预警管控、第一时间报告重大风险隐患和违法行为；协助落实应急值守制度，第一时间报告事故灾害信息、第一时间开展初期处置救援、第一时间组织群众自救互救和避险转移安置；协助做好灾情统计报送、核查、损失评估和救助管理等工作。

（三）完善网格化管理

在村社和网格层级，要全面推进城乡社区和功能区网格化管理，促进网格化与基层群众自治有机衔接。整合现有的山洪地质灾害群测群防员、小型水库堤防安全管理员、护林员、灾情信息员、安全生产管理员、气象信息员、地震宏观观测员、防震减灾助理员等网格资源，加强与综治、消防网格员的融合，实现资源共享，一体化推进综合性应急管理网格队伍建设。将安全生产、防灾减灾救灾、应急救援等纳入网格重要工作内容，构建应急管理网格化管控体系，推动联防联控、群防群治、全社会共同参与，打造共建共治共享的应急管理格局。

要切实落实网格员工作责任。各应急管理网格要结合网格内自然灾害和安全生产实际，落实网格员工作责任。有条件的网格应设立应急服务站（点），明确网格员工作内容，建立应急管理明白卡制度（明确网格员、联系方式、风险防范重点等）。网格员在乡镇（街道）承担应急管理工作的机构和行政村（社区）指导下，宣传普及应急管理基本知识、常识和技能；定期排查网格内安全生产及水旱灾害、山洪灾害、森林火灾、消防、气象灾害、地震和地质灾害等自然灾害风险隐患，第一时间向行政村（社区）报告，督促整治隐患并进行经常性的巡查监控；组织网格内各单位和村（居）民进行应急逃生、自救互救演练，熟悉转移避险路线、安全避难场所；第一时间报告网格内灾害事故信息，第一时间组织群众转移避险安置；承担网格内灾情统计报送、核查、损失评估和救助管理等工作。

网格员应具备的素养包括：①身体健康，责任心强，有一定的应变能力和较强心理素质；②在当地长期生活或工作，对当地环境较为熟悉；③年纪适当（原则上60周岁以下）；④一定灾害防治知识和文化程度，可识别灾害的发生前兆，掌握简易监测方法和手段等；⑤熟悉本人负责的灾害隐患点基本情况，且清楚群众避险场所和转移撤离路线，能履行现场监测职责。

乡镇人民政府、街道办事处应当做好网格员的选用退出、教育培训、绩效考核、日常管理等工作，建立健全信息收集、问题发现、任务分办、协同处置、结果反馈等工作机制，督促指导网格员认真履行基础信息采集、社情民意收集、安全隐患排查、矛盾纠纷化解、政策法规宣传等职责。

四、共建共治的基层应急协同体系

村民委员会、居民委员会应建立健全应急管理与平安建设联防联控工作制度，推动将平安建设与公共安全相关规定纳入村规民约、居民公约。

建立健全政府向社会组织购买服务机制。鼓励支持符合条件的社会组织参与社区应急管理及矛盾调处、纠纷化解、社区禁毒、社区矫正、困难救助、心理疏导等平安建设工作。

将物业管理纳入基层治理体系，指导推动和鼓励支持物业服务人员、业主、业主委员会参与应急管理与平安建设工作。物业服务人员应依法做好物业服务区域内安全防范和管理服务工作，协助公安机关和其他相关单位做好社区治理、治安巡查、矛盾调解、公益宣传等平安建设工作。业主大会、业主委员会应当协助、配合做好社区建设工作，化解矛盾纠纷、维护业主权益、参与社区治理。鼓励和支持物业服务企业采用新技术、新方法提高物业服务管理水平，推进智慧安防小区建设。物业服务企业应当依照物业服务合同履行安全管理和服务职责，协助做好服务管理区域内的秩序维护、社区治理和公益宣传等应急管理与平安建设工作。

鼓励支持志愿服务组织和志愿者参与应急管理与平安建设。鼓励支持社会公众参加平安建设志愿服务活动，协助开展矛盾纠纷化解、社会治安巡逻、平安法治宣传、应急处置救援、特殊群体关爱、法律服务等工作。平安建设组织协调机构应当组织有关部门建立志愿服务组织和志愿者参与平安建设工作的机制与渠道，加强对志愿者的组织、指导、培训和保护，为志愿服务提供保障。

公民应当遵守法律和社会公德，和谐家庭和邻里关系，增强自我防护意识，提高安全防范能力。任何单位和个人都有维护社会安全的责任，有权对危害社会安全的行为进行举报。对严重违法违规行为或者重大风险隐患的举报，经调查属实的，应依法给予奖励。对为了维护国家利益、社会公共利益或者保护他人的人身、财产安全，有制止违法犯罪、协助有关机关惩治违法犯罪活动等见义勇为行为的人员，应当按照有关规定予以保护和奖励。

典型案例 基层应急管理组织创新

全国灾害信息员体系建设

在基层灾害信息员队伍建设方面，我国已构建完成覆盖全国的省、市、县、乡、村五级灾害信息员体系，每个村（社区）至少有1名灾害信息员，多灾易灾地区则实现多人轮换值守。建设灾害信息员队伍，旨在构建覆盖全国的灾情信息统计报送网络。每名灾害信息员都是这张网络的“神经末梢”，为各地各部门抢险救援救灾决策提供重要的信息支撑，最大限度地减少人民群众生命财产损失。基层灾害信息员90%以上由乡镇（街道）干部和村（社区）两委班子成员兼任；还有一部分是政府通过购买服务、设置公益性岗位等吸纳的社会力量，其中包括志愿者、基层群众和企事业单位安全管理人员等。灾害信息员上报灾情严格按照初报、续报、核报程序——2小时灾情初报、24小时灾情续报、5日内灾情核报、重大灾情立即报告。从灾害信息员的工作程序来看，一要及时完成灾情统计报送，灾后第一时间统计本地区灾情，并报上一级审核、汇总；二要做好灾情台账管理，及时填报灾害发生时间、地点、灾种、影响范围、灾害损失等详细信息，尤其要建好因灾死亡失踪人口台账和因灾倒损民房台账；三要开展灾情核查评估和会商核定，灾情稳定后，省、市、县三级灾害信息员须及时进行灾情会商，遇重大灾情时还应组织开展灾害损失核查评估，确保灾情数据客观准确（在这方面，可以创建全科自然灾害“多员合一”工作模式）。基于为基层减轻负担的原则，实现应急管理部门灾害信息员、地震部门地震速报员、气象部门气象信息员、水务部门水务信息员职能“多员合一”。

江西：整合基层应急管理力量

聚焦解决基层应急管理机构不够完善、职责尚未明确、人员普遍不足、能力有待加强等应急管理“最后一公里”的难点问题，江西省委办公厅、省政府办公厅印发《关于加强基层应急管理体系和能力建设的意见》（以下简称《意见》）。强调基层要坚持加强党的领导，做实“党建＋应急管理”，党委和政府主要负责同志要带头扛起“促一方发展、保一方平安”的政治责任，并就普及应急管理知识、风险隐患排查治理、事故灾害应急处置、灾情统计核查报送等具体工作职责做出细化要求。

《意见》要求，乡镇（街道）和功能区要整合安全生产、防汛抗旱、地质灾害防御、森林防灭火、消防、灾情管理等资源和力量，明确承担应急管理工作的机构，行政村（社区）设立应急服务站，并建立应急管理网格、完善应急指挥体系、加强应急预案管理。乡镇（街道）和行政村（社区）要分别组建一支不少于30人和10人的应急救援力量。原则上，每个乡镇（街道）至少应明确2—3名应急管理人员，每个行政村（社区）、应急管理网格至少明确1名应急管理人员，并定期组织开展相关人员业务培训。

针对乡镇（街道）和功能区，《意见》明确“十个一”工作标准：一套应急管理制度、一套应急工作机制、一套应急预案、一张应急管理网格表、一张安全生产和自然灾害重大风险分布图、一套安全生产事故和自然灾害重点隐患台账、一张安全转移避险路线图、一批监测预警设备、一批警示教育宣传牌、一套应急救援培训和演练计划。

江苏句容：整合成立基层应急管理办公室

江苏省句容市通过推进职能整合、建立规章制度、明确工作职责，推进基层一支队伍负责安全生产、防灾减灾救灾和消防综合监管，同时积极运用“网格＋信息化管理”和“两员”队伍建设管理模式，推动企业（场所）分片包干、责任到人、监管（巡查）不留死角和盲区，实现精准监管。

该市安全生产委员会办公室（以下简称安委办）对辖内的12个镇、街道、管委会的安全监管机构进行职能整合，完成安委办、消委办、减灾办“三办合一”，统一更名为应急管理办公室，并派驻1名消防救援人员和1名派出所人员，负责牵头统筹辖区消防安全工作；推动“九小场所”消防安全员和企业班组安全员配备，消防安全员履职期间统一佩戴岗位标识，车间、班组安全员履职期间统一佩戴臂章、袖标等标识，落实“一清、二查、三到位”工作要求。优化基层安全生产、消防网格化管理模式，在现有综治网格的基础上，建立以村（社区）为基本单位、全覆盖的安全生产与消防一般网格，聚焦重点领域和关键环节，摸清风险聚集、事故易发的重点区域，按照分类设置的原则，根据区域风险隐患总量和业态分布特点，独立划分安全生产与消防重点网格，共建立了一般网格796个、重点网格31个，落实网格员998人。

为深入排查整治各类问题隐患，句容市运用安全监管系统，应急管理办公室人员按照职责对辖区企业进行分级分类重点监管；“九小场所”消防安全员和企业班组安全员每日开展巡查打卡，扎实开展“三关三查”“一清、二查、三到位”等日常检查；片区网格员根据企业、社会面小场所风险类型，开展季、月、周隐患排查全覆盖，对发现的隐患及时录入安全监管系统并反馈给经营业主进行整改。同时，督促经营业主落实主体责任，开展安全自查，及时上报隐患并整改。该市安委办还不定期对应急办工作人员开展统一培训，紧贴基层工作需要，每期确定培训主题；分批次开展“九小场所”消防安全员、企业班组安全员和网格员队伍的集中培训。

截至2023年底，该市培训应急办人员600多人次，企业安全管理人员4000多人次，“九小场所”消防安全员32000人次，网格员近3000人次。

浙江绍兴柯桥：基层应急管理站的“柯桥模式”

基层应急管理是基层治理的重点领域和关键环节，是县域治理现代化的基础性工作。绍兴市柯桥区以机构改革为契机，坚持高起点规划、高标准建设、高效率运作，在全省率先开展基层应急管理站标准化建设，成功破解基层应急管理监管基数大、监管要求高、救援任务重、人员力量弱等难题，取得了良好的工作成效和社会效应。柯岩街道应急管理站建成以来，开展了专项整治、隐患排查、执法处罚、应急演练和宣传教育，深受企业和群众好评，取得了可喜的成效。

1. 标准化建设基层应急管理站打造“柯桥模式”

通过场地配备标准化、人员配置标准化、管理队伍标准化、履行职能标准化及指挥信息标准化，从5个方面打造基层应急管理站“柯桥模式”。

应急管理站具备“四室四库四中心”：“四室”指的是应急值班室、接处警室、档案室、调查室；“四库”指的是安全生产（消防）救援器材库、防汛防台抗旱器材库、森林防火器材库、救灾物资库；“四中心”指的是应急指挥中心、应急综合体验中心、应急宣传培训中心和训练中心。应急管理站配备行政（事业）编制的专职工作人员2名至5名、辅助工作人员8名至15名。实行“准军事化”管理，建立健全24小时值班备勤制度。主要履行安全生产检查及处罚、消防安全检查及处罚等12项职责。

2. 基层应急管理站标准化建设实现四个“一体化”

监管执法一体化，实现高效执法。将安全生产等执法权委托给基层应急管理站，采用人员实地检查与系统“智慧巡查”相结合的“传统＋科技”方式，建立各类风险隐患点“发现、确认、管控、整改、核销”闭环化管理机制，形成清单化管理，确保隐患按时整改到位。

应急救援一体化，实现快速救援。实时监测、系统采集“智慧消防”“智慧用电”等智能终端监控数据，及时分析数据并发布非常态预警信息。统一管理各类应急资源信息，在最短时间内充分调动应急管理站、专职消防队等各种应急救援力量和资源，形成处置合力，发挥应急救援队伍的最大效能。

防灾减灾一体化，实现充分防御。把险情隐患点、避灾场所、转移路线、物资储备等信息在“一张图”上标注。应急管理站对应急装备和救灾物资的种类、数量、存放地点、有效期等进行台账式管理，相关数据输入智慧监管平台进行分析评估、统一调配。

宣传教育一体化，实现应急意识全面提升。在全省率先启用应急广播系统宣传防灾减灾知识，定期、不定期开展应急管理队伍专题业务培训，在全市率先建成以应急为主题设立的综合型、科技型互动体验中心，向辖区内的群众免费全面开放。

典型案例　基层安全生产执法创新

全国安全生产网格化管理

在安全生产网格化管理方面，2017年，国务院安委会办公室印发了《关于加强基层安全生产网格化监管工作的指导意见》，要求各地实现基层安全生产网格化全覆盖。基层安全生产网格化监管是指，将乡镇（街道）及以下的安全生产监管区域划分成若干网格单元，既厘清单元内每个监督管理对象负有安全生产监督管理职责的部门，又明确单元内每个监督管理对象对应的安全生产网格管理员（以下简称网格员），通过加强信息化管理，实现负有安全生产监督管理职责的部门与网格员的互联互通、互为补充、有机结合。基层安全生产网格化监管是现有安全生产监管工作的延伸，充分发挥网格员的“信息员”和“宣传员”等作用，有利于协助负有安全生产监督管理职责的部门实现对基层安全生产工作的动态监管、源头治理和前端处理。

福建：基层安全生产连片联合执法

福建省为着力解决乡镇（街道）安全生产行政监管执法力量薄弱、执法监管工作“宽松软”等问题，建立健全安全生产执法监管体系，开展乡镇（街道）安全生产连片联合执法试点。

福建省将部分较为简单的县级安全生产行政执法职权赋予乡镇人民政府（街道办事处），以其自身名义行使。赋权事项综合考虑业务特点和基层衔接能力，实行“一县（区）一策”“一镇（街）一清单”，坚持成熟一批、赋予一批。

在该试点工作开展前，各乡镇（街道）普遍反映没有赋予乡镇安全生产行政处罚职能，虽然制订了年度安全生产监管计划，且按照计划开展安全生产检查工作，但是只能通知企业整改，乡镇（街道）对于拒不整改的企业没有执法惩处措施，安全生产工作没有抓手。由于长期不开展执法工作，全区各乡镇（街道）专业执法人员严重匮乏，既有执法人员结构严重老化且多集中于卫健业务，2018年机构改革后均未办理过行政执法案件。各乡镇（街道）从未办理过安全生产方面的行政处罚案件，存在对安全生产的相关法律法规内容不熟悉、运用不准确、尺度难把握等问题。

试点后，情况有了明显改变。例如，在石狮市镇（街道）安全生产连片联合执法沿海中队，《定期检查制度》《中队岗位职责》《行政处罚流程图》等制度一一上墙。来自石狮市蚶江镇、永宁镇、祥芝镇、鸿山镇及锦尚镇的安全办公室主任等人，作为该中队执法片区工作人员。该中队坚持统一指挥、统一调度、统一办公、统一配备执法装备的连片联合执法“四统一”原则，连片联合执法采取集中办公、分片负责的模式，安排集中办公场所，设置办案室、询问室、档案室等执法功能用房，办公经费由所在镇（街道）从事权经费中统筹安排。现在，石狮市、镇（街道）两级共同执法，执法力度明显加强，对企业更具威慑力，也更有利于企业自觉地落实安全生产主体责任。在开展连片联合执法工作的过程中，石狮市注重抓好上下联动，促进执法规范，将赋权下放与授权委托同步推进，双管齐下、双轨并行，与各镇（街道）签订《安全生产行政执法委托书》，将警告、简易案件等委托给各镇（街道），以多种方式促进执法规范。

按照执法赋权“接得住”“办得了”的原则，该市科学下放执法职权，实行“一镇（街道）一清单”，将企业安全生产教育培训、安全警示标志、劳动防护用品发放、租赁安全管理、安全检查、疏散逃生作为首批6项安全生产行政处罚赋权事项，以违法行为发生地镇（街道）为主体开展执法；涉及尚未赋权的13项安全生产行政处罚事项，则以市应急管理局作为主体联合相关镇（街道）开展执法工作。循序渐进，逐步下放，2023年19项安全生产行政处罚事项全部赋权给镇（街道），拓宽了执法方式方法，探索了上下联动的市、镇两级安全生产联动执法机制（包括联合、交叉执法检查、案件互审等）。根据工贸行业分级分类管理机制，开展重点监督企业“全覆盖”、一般监管企业“双随机”，制订镇（街道）连片联合执法年度（季度、月）计划。指定石狮市应急管理综合执法大队2名取得国家法律职业资格证书的执法人员担任法制员，严格执行行政执法“三项制度”（行政执法公示制度、执法全过程记录制度及法制审核制度），确保执法规范化、法制化建设迈上新台阶。

在三明市沙县区，2022年11月，沙县区应急管理局与全区10个乡镇签订《三明市沙县区乡镇行政执法赋权事项承接确认书》。与此同时，《三明市沙县区乡镇（街道）安全生产连片联合执法试点实施方案（试行）》出台。这为开展安全生产综合执法工作提供了法制保障，初步构建了乡镇行使安全生产行政执法权的法制基础。根据地理位置、产业布局、企业类型等特点，将全区12个乡镇（街道）分为4个片区：第一片区包括凤岗街道和虬江街道；第二片区包括青州镇、高砂镇和郑湖乡；第三片区包括夏茂镇、高桥镇和富口镇；第四片区包括大洛镇、南霞乡、南阳乡和湖源乡。每个片区成立一个应急管理综合行政执法中队，每个中队配备2名行政执法人员，归属三明市应急管理综合执法支队沙县区大队管理，采取集中办公、分片负责的模式，具体负责指导对接片区乡镇（街道）开展安全生产行政执法工作，配合乡镇（街道）开展联合执法。

三明市沙县区还建立了联合执法工作机制，由区应急管理局牵头、各乡镇执法大队参与，建立“三个一”联合执法工作机制——每季度至少组织一次片区联合执法，每半年至少组织一次跨片区交叉执法检查，每年度至少组织一次局和乡镇联合执法检查。充分运用区应急管理局在安全生产行政执法领域的经验和队伍优势，着力解决乡镇基层执法力量不足、业务不熟、水平不高等问题。

江苏沭阳：设立基层安全帮办

为彻底解决基层数量多，安全监管人员“检查不过来”和“检查不出来”的问题，江苏省宿迁市沭阳县优化监管模式，通过建立全员安全监管责任制度，健全县、乡两级安全帮办中心等方式，充实基层监管力量，提升监管人员专业化水平，打通安全监管“最后一公里”，并依托该县独有的帮办服务体系，使出“关键招”，织密安全“防护”网，建立健全全员安全责任体系，筑牢安全生产监管防线。

2020年，沭阳县依托帮办服务体系建立全员安全监管责任制度，将属地政府全体财政供养人员，包括行政、事业、国企编制在内的人员全部纳入，分片分企进行安全帮扶。以该县开发区为例，辖区400余家企业被划分为13个片区，开发区管委会成立13个安全帮办组，由部门一把手任安全帮办组组长，180余名工作人员为安全帮办人，每名帮办人负责2—3家监管企业。

通过建章立制——制定年度帮办安全生产工作责任制度、签订帮办年度安全生产责任状、印发年度安全生产重点工作清单等，细化工作任务，推进责任落实。同时，沭阳县通过开展“安全讲坛”、帮办组安全培训、安委办考试考核、警示教育等方式，增强帮办人员的业务水平，使其具备安全监管能力。

该县在每个安全帮办组内设置安全“三员”，即宣讲员、引导员、联络员，通过强化“三员”建设，指导安全帮办开展安全监管工作。宣讲员负责对组内帮办人员和企业管理人员进行安全知识宣讲培训和考核。引导员负责对企业安全管理人员进行现场安全业务指导，指导企业开展三级安全培训教育、实施应急演练、进行设备安全技术改造等工作。联络员负责处理安全帮办组内安全会务、事务记录和安全联络工作，及时解决重点安全问题、清除安全隐患、防范安全事故。

同时，该县建立了县、乡两级安全帮办中心，打造安全帮办“六个一”工作机制：每个月由地方党政一把手组织召开一次帮办组组长安全生产会议，汇报上月安全工作情况、提出本月工作计划；每周由帮办组组长召开一次安全周会，就重点安全问题研究解决办法；编制安全帮办人检查手册，每名帮办人每周至少进企业开展一次安全宣贯和安全检查；属地安全帮办中心、安委办每季度出一份帮办安全生产工作清单和安全检查指南，并召开至少一次帮办组联络员会议，布置季度安全监管重点工作；每季度提交一份帮办组安全隐患检查、整改闭环情况和安全生产工作总结；属地安全帮办中心、安委办和纪检部门每季度对帮办组安全生产工作进行一次考核。

浙江海宁：向基层委托执法

浙江省海宁市应急管理局为增强基层安全监管执法的有效性和针对性，采取委托执法的方式，赋予镇（街道）应急办部分执法权，主要包括：警告；对单位3万元以下、对个人1万元以下的罚款；没收1万元以下非法所得。该局充实执法队伍力量，配置执法装备、完善执法机制，统筹市安全生产执法队队员、局内设科室人员和镇（街道）应急办执法人员，采取“年度执法计划”定向检查，重点行业领域定向抽查和随机抽查相结合的方式，推行全员执法模式。

全覆盖委托执法，确保全员执法“人员到位”。海宁市是工业大市，现有各类市场主体10万余家，其中规模以上工业企业1616家、各类小微企业1万余家，安全监管面临人员少、力量弱、责任大、风险高等问题。基层应急办也存在安全生产监管只有检查权，没有处罚权，监督检查效果不佳、隐患问题整改缓慢等矛盾问题。因此，从2017年开始，海宁市应急管理局在局内设科室所有执法人员全部参与执法案件办理的基础上，根据《中华人民共和国行政处罚法》的相关规定，采取委托执法的形式，赋予镇、街道一般工贸领域、危险化学品使用领域的部分执法权，要求各应急办配备4名以上执法人员和1名注册安全工程师，提高隐患问题检查发现、督促整改能力和违法处罚能力。2021年，全市12个镇（街道）应急办配备执法人员48人，注册安全工程师也实现镇级全覆盖，市、镇两级应急管理系统共有执法人员73人，有效增强了执法队伍力量。

完善执法制度，确保全员执法“机制到位”。为确保市、镇两级执法人员依法依规办理非事故行政处罚案件，海宁市应急管理局修订完善了安全生产行政执法办案工作规则、执法公开、审办分离、自由裁量、案卷评查等制度和规范，细化明确案件立案、法制审核、处罚决定、结案审批等工作流程。案件办理和审核相对分离，执法队、市应急管理局内设科室或镇（街道）应急办在案件立案、调查、取证、提出承办意见等过程中，由局专职法制员对案件的事实认定、适用法律和执法程序进行审核把关，确保案件办理质量。

该局制定了《重大行政处罚案件集体审查工作办法》，针对5万元及以上的处罚案件，由案件审查委员会围绕案件违法行为、有关证据、适用法条、行政处罚裁量标准进行集体讨论，并邀请社会监督员、法律专家和企业代表列席会议。执法检查结果全部在政务平台公开，截至2023年底，未发生一起行政复议、诉讼案件。

推进规范化建设，确保全员执法"保障到位"。在强化基层执法队伍基础上，海宁市开展了基层安全监管执法规范化建设，镇（街道）应急办全部配备执法车辆，完善询问室、物证室、装备室等配套设施，按照执法人员数量配备执法装备。同时，该市全面运用"浙政钉掌上执法系统"，执法情况全部录入系统，全程记录，为案件办理提供第一手资料。

针对应急管理局内设科室、基层应急办新进人员对执法业务不熟悉的情况，该局每年还定期组织开展执法人员业务培训，采取同一案件执法队、内设科室、应急办执法人员共同办理的办法，提升全体执法人员执法业务能力。

自2018年起，该局将安全生产非事故行政处罚情况，作为应急管理局人员考评和镇街道目标值责任制考核的重要指标，定期通报评比，推动执法工作有效开展。

依托信息化优势，确保全员执法"精准到位"。在"放管服"改革的大背景下，安全生产执法工作对事中事后监管的要求越来越高。海宁市自行开发"企业安全生产云平台"，设立21条企业安全生产主体责任标准，企业在完成培训教育、隐患排查、应急演练等安全生产活动后，上传相关活动记录，市、镇两级监管人员实时审核、反馈，云平台自动判定企业当前安全生产工作是否落实到位。截至2023年，云平台已覆盖4000余家重点企业。同时，执法人员将上级督查暗访、属地检查、网格巡查发现隐患问题一并录入云平台，企业整改完成后，及时上传整改图片和复查记录，整改前后变化一目了然。

云平台定期统计分析主体责任落实不到位、隐患问题尤其是重大隐患问题较多的企业，及时抄告镇（街道）应急办和应急管理局执法队。通过云平台，该市每年量化评定企业主体责任落实率，对排名靠后、重大隐患整改难度较大或者受过两次以上行政处罚的企业采取纳入年度执法计划、降低诚信等级等方法，督促企业强化安全生产管理。

中篇

风险治理

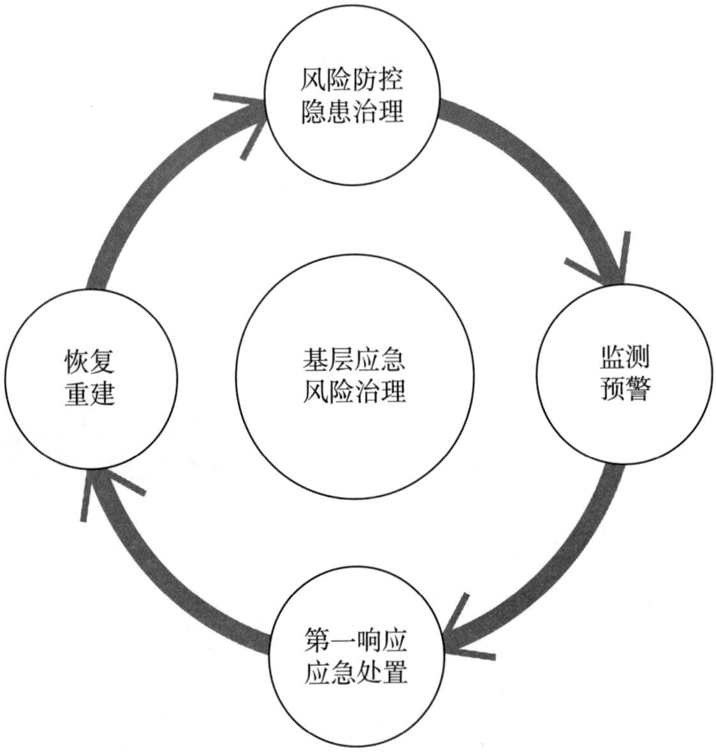
风险防控
隐患治理
监测
预警
第一响应
应急处置
恢复
重建
基层应急
风险治理

第四章　基层风险防控与隐患治理

按照有关要求，乡镇人民政府、街道办事处应当做好本辖区内容易引发自然灾害、事故灾难、公共卫生、社会安全事件的危险源、危险区域的排查工作，发现异常情况采取必要处置措施，并依法履行报告职责。

一、概述

（一）风险、风险评估与风险管理

1. 风险

风险是造成损失的可能性。突发事件风险管理中所说的“风险”是指，引发某种特定突发事件并造成影响和危害的可能性。主要包括两个要素：一是导致某种特定突发事件发生的可能性（概率），二是该突发事件发生后可能产生的损害后果，两者共同决定了风险的危险程度。因此，每种风险可以在风险矩阵上表达为一个确定的点（见图4–1）。根据突发事件分类，风险可分为自然灾害风险、事故灾难风险、公共卫生事件风险和社会安全事件风险。

2. 风险评估

《突发事件应急预案管理办法》（国办发〔2024〕5号）第二十一条规定：风险评估主要是“识别突发事件风险及其可能产生的后果和次生（衍生）灾害事件，评估可能造成的危害程度和影响范围等”。结合基层风险管理工作，本书所称“风险评估”是指针对识别出的突发事件风险特点，查

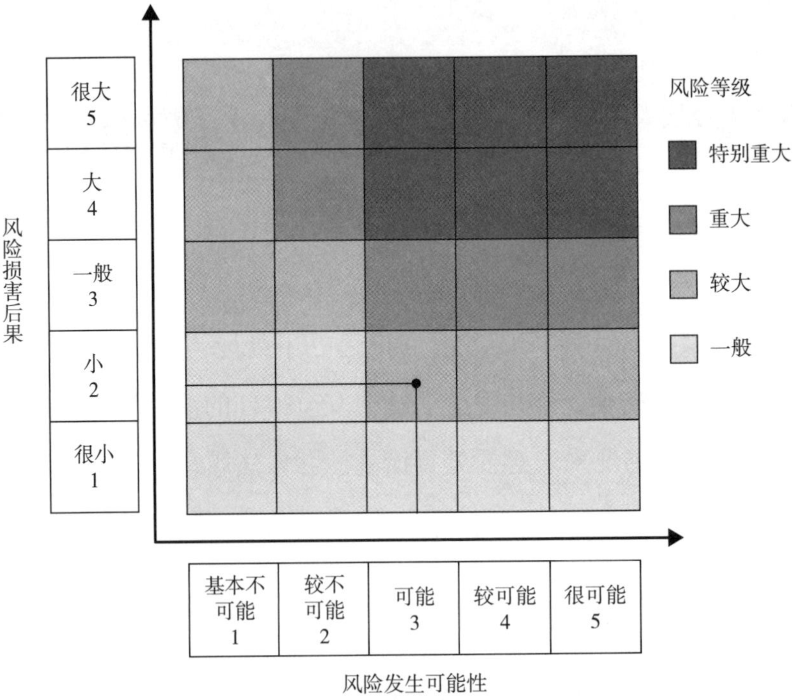

图 4–1　风险矩阵

找产生风险的原因，并对风险引发突发事件的可能性和造成的后果进行描述和量化的过程，即对特定期间内人、经济、社会、保障、环境等受到损害的可能性及程度进行系统评估，并在此基础上对存在的风险进行综合等级评定，以便有针对性地提出控制措施。

3. 风险管理

风险管理是指通过对突发事件风险采取识别与登记、风险评估、风险控制与应急准备等措施，消除或降低突发事件发生的可能性和造成危害的可能性，或减少突发事件所造成的损害后果，以最小成本获得最大安全保障的长期管理活动（见图4–2）。

突发事件风险管理包括风险识别与登记、风险评估、风险控制与应急准备三大基本内容，并通过开展监测与更新，实现对各类突发事件风险的科学化、常态化、动态化管理。

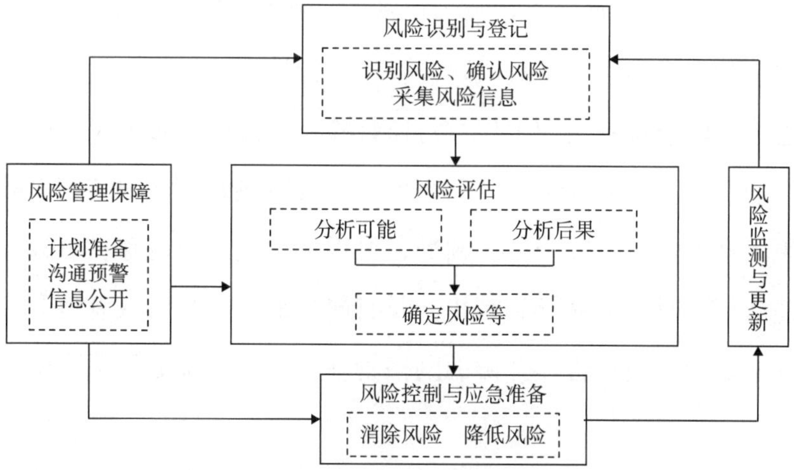

图 4–2　风险管理工作运行流程

（二）隐患与隐患治理

1. 隐患

按照原国家安全生产监督管理总局《安全生产事故隐患排查治理暂行规定》，隐患是指，生产经营单位违反安全生产法律、法规、规章、标准、规程和安全生产管理制度的规定，或者因其他因素在生产经营活动中存在可能导致事故发生的物的危险状态、人的不安全行为和管理上的缺陷。

2. 隐患治理

隐患治理是指，政府、企业和公众等多方综合性地开展隐患辨识、评价、消除、整改、监控等活动和措施，使生产设备设施或场所的事故风险处于可接受水平的活动和过程，也被称为隐患排查、查找隐患、危险识别整治等。

（三）职责

基层政府和组织要根据各自职责做好相应的风险防控工作。

就灾害事故领域而言，乡镇（街道）、功能区管理机构等应按照职责，加强对本行政区域内灾害事故风险与隐患进行识别，加强对生产经营单位安全风险管控与隐患排查治理工作进行监督检查，协助上级人民政府有关部门依法履行职责；村（社区）应协助当地人民政府抓好辖区内灾害事故风险防控与隐患治理工作。在安全生产领域，发现生产经营单位存在事故隐患或安全生产违法行为时，应劝导和制止，及时向当地人民政府或者负有安全生产监督管理职责的部门报告，并协助网格管理人员落实事故风险隐患先期处置措施。

对易发生重大事故的行业领域，国家要求企业采取风险分级管控、隐患排查治理双重预防性工作机制，政府则要监管到位。通俗地说，双重预防机制就是构筑防范生产安全事故的两道防火墙：第一道是管风险，以安全风险辨识和管控为基础，从源头上系统辨识风险、分级管控风险，努力把各类风险控制在可接受范围内；第二道是治隐患，以隐患排查和治理为手段，认真排查风险管控过程中出现的缺失、漏洞和风险控制失效环节，坚决把隐患消灭在事故发生之前。风险辨识侧重认知固有风险，而隐患排查侧重各项措施生命周期过程管理。风险辨识要定期开展，在工艺技术、设备设施以及组织管理机构发生变化时要开展；而隐患排查则要求全时段、全天候开展，随时发现技术措施、管理措施的漏洞和薄弱环节。

二、风险防控

风险防控的目标是根据评估对象的需要和相关法律法规、标准规范的规定，识别和分析风险，制定并实施有效的风险处置措施，为灾害事故预防和应急管理工作提供可靠的灾害风险信息和科学决策依据，最终使评估对象的风险达到可接受水平。风险评估可以组织不同类型的专家及相关人员参与，依据现行法律法规、政策规定，充分考虑对象的风险承受能力、控制能力和突发事件危害性质等因素，通过技术分析、实地查勘、集体会商等方式，多方论证确定突发事件发生的可能性、损害后果等。基层风险评估需要社区全员的积极参与和配合，是基层常态化应急管理的重要内容。

（一）风险评估组织

为了落实基层风险评估与隐患治理，可成立风险评估与隐患治理组织，包括选配评估团队成员、明确组织结构及各角色责任等内容。

风险评估工作需要懂得风险评估的专业人员、相关单位技术人员及居民代表的参与。可以发动社区应急志愿者队伍参与风险评估工作，居民代表甚至可以包括儿童、老人、残疾人、外来人员代表等。如果需要评估的范围较大或灾种较多，就有必要对其进行适当分组，确保每一组都有足够的技术力量和不同人群代表。

（二）风险识别与登记

1. 风险识别

认识和确定存在的各类突发事件风险，通过会商研判、实地踏勘、现场测量、专家鉴定和查阅历史资料等方式，从不同层面和角度分析、罗列、细化某区域或某事件可能发生的各种不利情况，判断其可控程度、预判其可能性等，并根据突发事件风险列表确定的风险具体类别，进行系统归类。

2. 风险登记

针对识别出的每个风险，确定具体隐患及可能发生的突发事件，通过查阅档案、勘察调查、实地走访等方式收集相关信息，填写风险信息采集表（见表4–1）。

表 4-1　风险信息采集表

<table>
<tr><td rowspan="11">基本情况</td><td>风险名称</td><td colspan="5"></td></tr>
<tr><td>风险描述</td><td colspan="5"></td></tr>
<tr><td>风险类别</td><td colspan="5"></td></tr>
<tr><td>风险编码</td><td colspan="5"></td></tr>
<tr><td>所在地理位置</td><td colspan="5"></td></tr>
<tr><td>所处功能区</td><td colspan="5"></td></tr>
<tr><td>所在辖区
（企事业单位或村社区）</td><td colspan="5"></td></tr>
<tr><td>企事业单位或
村社区主要负责人</td><td></td><td>移动电话</td><td></td><td>值班电话</td><td></td></tr>
<tr><td>风险所在地址</td><td colspan="5"></td></tr>
<tr><td>风险所在乡镇（街道）</td><td colspan="3"></td><td>值班电话</td><td></td></tr>
<tr><td>行业主管部门</td><td colspan="3"></td><td>值班电话</td><td></td></tr>
</table>

注：术语释义

①风险名称：由地点（事件）和突发事件名称构成，如“××小区 ××单元火灾事故风险”“××活动人群踩踏事件风险”等。

②风险描述：对风险的表现形式、规模、相关危险源的数量等信息进行描述，如“××车间硫酸泄漏事故风险，储有5吨硫酸”“人员踩踏事件，人员规模1000人”等。

③风险类别：突发事件风险列表中列举的各项风险。

④风险编码：风险信息系统自动生成的每个风险对应的编码。

⑤所在地理位置：风险所在具体位置（东南西北、上下左右或能够确定风险位置的参照物等）。

⑥所处功能区：1. 工业区；2. 农业区；3. 商业区；4. 居民区；5. 行政办公区；6. 交通枢纽区；7. 科技文化区；8. 水源保护区；9. 文物保护区；10. 其他区域。

⑦行业主管部门：突发事件风险所属行业主管部门，无行业主管部门的填“无”。

（三）场景描述

对突发事件发生时间、地点、原因和持续时间、影响范围、造成的损失危害等进行设定，或对曾发生过的突发事件的场景进行描述，要按最严重的损害进行假定或描述，并填写突发事件风险场景描述表。表4–2为某地氯气泄漏事故的风险场景描述。

表 4-2　突发事件风险场景描述表（示例）

突发事件风险场景描述	发生时间	2015年8月1日16时40分
	发生地点	××化工有限公司1号液氯储罐
	事件名称	氯气泄漏事故
	发生原因	罐体阀门损坏
	持续时间	24—72小时
	影响范围	整个厂区，约20万平方米
	事件经过	2015年8月1日16时40分，值班员工巡视时发现1号液氯储罐（存有液氯40吨）根部阀门发生泄漏
	造成的损失（危害）	吸入5—10分钟可致死的半径为112.8米；吸入0.5—1小时可致死的半径为295.6—333米；吸入0.5—1小时可致重病半径为394.7—451.8米
	其他描述	无

（四）分析损害

分析损害，需要预测各方面损害的规模（程度），根据一定的标准确定各方面损害的等级，并最终计算出总的损害后果。下面以某地“氯气泄漏事故”损害分析为例（见表4-3），其过程具体分为3个步骤。

1. 预测损害规模

按照损害后果计算表列出的5类16项损害参数，预测每个参数可能产生的损害规模，并填写预期损害规模的相关内容。

2. 确定参数等级

根据预测的损害规模，对照损害临界值标准表，确定每个损害参数的损害等级，并填写相关内容。

3. 计算损害后果

根据每个参数损害等级值，计算出最终的损害后果值，并填写损害后果计算表。

表 4-3　损害后果计算表（示例）

领域	缩写	损害参数	影响参数	预期损害规模	损害等级	损害规模判定依据
人（Man）	M1	死亡人数	人数	2	2	2名值班员现场巡视
	M2	受伤人数	人数	4	1	邻近车间人员
	M3	暂时安置人数	人数	80—100	2	厂区人员和周边村社居民
	M4	长期安置人数	人数	0	1	无须长期安置人员
经济（Economy）	E1	直接经济损失	万元	200	2	损毁的设备和泄漏的氯气
	E2	间接经济损失	万元	500	2	停产停工
	E3	应对成本	万元	100	2	救援开支
	E4	善后及恢复重建成本	万元	300	1	设备更换，死亡人员赔付
社会（Society）	S1	社会生活中断	时间、人数	≤72小时，200人	3	厂区周边人员分布
	S2	政治影响	影响指标数、时间	3个影响指标，24—48小时	5	影响政府工作人员正常工作秩序，影响政府对社会管理，影响公共秩序与安全
	S3	社会心理影响	影响指标数、程度	1个影响指标，程度一般	3	给周边居民带来心理影响
	S4	社会关注度	时间、范围	市内，1—7天	2	市内媒体报道
保障（Security）	S1	基础设施中断	影响指标数、程度	无	1	根据专家评估得出
	S2	生活保障中断	时间、人数	无	1	根据专家评估得出
环境（Ecology）	E1	保护区破坏	比重	<2%	1	专家评估数据
	E2	生态破坏	影响指标数、程度	2个影响指标，很小	2	大气污染很小，土地污染很小，环保评估数据
Sum=M+E+S+S+E						损害等级合计数：31 损害参数总数：16
损害后果 = 损害等级合计数 / 损害参数总数						损害后果：1.9

（五）分析可能

分析突发事件发生的可能性，首先需要分析其可能性等级。例如，对照发生可能性分析表（见表4–4）所列出的4项可能性参数，通过综合分析，得出每个参数对应等级值，并填写“等级值”相关内容。其次，确定其发生可能性。即，根据每个参数可能性值，按照计算公式得出最终可能性值，并填写相关内容。

表 4–4　发生可能性分析表

指标	释义	分级	可能性	等级	等级值
历史发生概率（Q1）	从该风险过去N年发生此类突发事件的次数（频率）得出等级值	过去2年发生1次以上	很可能	5	
		过去5年发生1次	较可能	4	
		过去10年发生1次	可能	3	
		过去10年以上发生1次	较不可能	2	
		过去从未发生	基本不可能	1	
风险承受能力（Q2）	从评估对象自身的风险承受能力（稳定性）判断发生此类突发事件的可能性	承受力很弱	很可能	5	
		承受力弱	较可能	4	
		承受力一般	可能	3	
		承受力强	较不可能	2	
		承受力很强	基本不可能	1	
应急管理能力（Q3）	从评估对象的应急管理能力（包括组织体系、预防控制、应急保障、宣教培训等）综合评估发生此类突发事件的可能性	应急管理能力很差	很可能	5	
		应急管理能力差	较可能	4	
		应急管理能力一般	可能	3	
		应急管理能力好	较不可能	2	
		应急管理能力很好	基本不可能	1	
专家综合评估（Q4）	由风险评估单位牵头，不同类型的专家及相关人员参与，通过技术分析、集体会商、多方论证评估此类突发事件的发生可能性		很可能	5	
			较可能	4	
			可能	3	
			较不可能	2	
			基本不可能	1	
Sum=Q1+Q2+Q3+Q4			等级值合计数：		
发生可能性 = 等级值合计数 / 指标总数			发生可能性值：		

（六）确定等级

根据最终的损害后果值和发生可能性值，在风险矩阵（见图4–1）上绘制相应的坐标，按照坐标所在区域，确定风险的最终等级（一般、较大、重大、特别重大）。

（七）汇总信息

填写风险评估登记表（见表4–5、表4–6），并将有关信息录入风险管理信息系统。

（八）制作社区风险地图

根据《全国综合减灾示范社区创建标准》的要求，社区要“制作社区灾害风险地图，标示灾害风险类型、隐患点分布、风险等级、疏散路线、应急避难场所和安置点布局、消防和医疗设施位置等，并在社区公开”。

社区风险地图是通过图像标识把风险、灾害事故、救助等信息反映在地图上，把灾害风险视觉化、形象化，展现社区风险及安全场所的地图，以实现提高公众安全意识、减轻风险的目的。

（九）风险控制

根据识别出的风险及其可控程度、评估出的等级，分析自身存在的问题和薄弱环节，有针对性地采取措施消除或规避风险、治理隐患或减少风险带来的损害，以最小成本达到最优效果。

具体风险控制措施包括：①技术措施——通过开展各类设施建设和改造，或采取技术手段、工程措施，以消除、降低、规避、隔离、减小风险；②管理措施——通过制定完善相关政策和管理制度，或调动各类力量治理防范风险，或放弃某些可能招致风险的活动和行为，以消除、降低、规避、减小风险；③应急准备——针对确实难以消除、控制或难以预测、预防的

表 4-5　风险评估登记表

序号	风险名称	损害后果	发生可能性	风险等级	信息采集			评估			审核			备注
					单位名称	负责人	时间	单位名称	负责人	时间	单位名称	负责人	时间	

表 4-6　风险评估登记表（示例）

序号	风险名称	损害后果	发生可能性	风险等级	信息采集			评估			审核			备注
					单位名称	负责人	时间	单位名称	负责人	时间	单位名称	负责人	时间	
1	××化工有限公司1号液氯储罐氯气泄漏事故风险	1.9	4	较大	××化工有限公司	刘××	20××年7月1日	××评估机构	张××	20××年7月10日	××化工有限公司	王××	20××年7月10日	

风险，提前做好监测、预警、预案、演练、队伍、资金、物资、技术、宣传、保障等各方面的准备工作。

在风险管理工作中，要坚持“边评估、边控制”的方式，根据风险等级，有针对性地开展风险控制工作。对在一定时间内能够消除或基本消除的风险，要及时采取措施予以消除；对可以降低等级的风险，要及时采取措施将风险等级降低；对较难控制、可能失控、难以采取有效手段消除、规避和降低的风险，或难以预见、无法提前采取针对性控制措施的风险，要提前做好应急准备加强风险防范。对等级达到“重大”及以上的风险，或近期可能引发突发事件且有一定紧迫性的风险，要及时采取有效措施重点予以控制。对具备较强专业性、技术性的领域，可以组织有关专家或专业机构提出风险控制具体措施和方案。采取的控制措施要填入风险防控措施表（见表4–7），并将有关信息录入风险管理信息系统。

表 4–7　风险防控措施表（示例）

序号	风险名称	技术措施	管理措施	应急准备
1	××化工有限公司1号液氯储罐氯气泄漏事故风险	使用新型储罐，改进储存技术	加强巡查，制定设备定期更换制度	修定应急预案，加强队伍训练演练，增配消防车、防护服等应急装备
……	……	……	……	……

风险等级为“重大”“特别重大”的风险为省市级重大风险，应纳入上级应急管理年度工作重点，由上级政府有关部门和有关单位按照职责组织开展控制工作，落实控制措施。各级政府有关部门和有关单位要根据职能职责，建立重大风险控制机制，确定本区域、本行业、本地区重大风险，并实施重点控制。

（十）风险监测更新

风险监测。各级政府、基层组织和行业主管部门要建立本区域、本行业、本单位风险监测制度，对风险变化情况和本区域、本行业、本单位风险管理开展情况进行动态监测。

风险更新。各级政府和行业主管部门每年要组织本区域、本行业、本单位对各类风险进行重新识别、登记和评估，及时掌握风险的增加、减少和等级变化等情况，填写风险变化情况表（见表4–8），并录入风险管理信息系统。要根据风险变化情况，重新制定或调整风险控制措施，并更新风险信息系统内的信息。

表 4–8 风险变化情况表（示例）

序号	风险名称	变化情况	风险等级变化		损害后果变化		发生可能性变化		变化原因
			原结果	更新结果	原结果	更新结果	原结果	更新结果	
1	××化工有限公司1号液氯储罐氯气泄漏事故风险	等级提高	较大	重大	1.9	3.2	3	3	液氯储罐设备老化
2	××化工有限公司×车间火灾事故风险	消除	一般		1.2		1		存在事故风险的×车间被拆毁
3	××化工有限公司甲醛装卸车间甲醛中毒事故风险	新增		一般		1.2		1.2	新设甲醛装卸车间1个

三、隐患治理

隐患治理是灾害事故减轻风险的关键步骤。隐患排查时发现的隐患要先科学分类，再有针对性地进行治理。理想情况下，隐患治理工作需要社区全员的参与和配合。实践中，通常要安排专门的隐患排查团队排查各种灾害事故隐患。

（一）主要任务

建立辖区灾害事故隐患清单，强化对重点场所、重点部位的隐患排查，明确事故危险源、危险设施、设施损坏、设备缺失等相关信息，制订实施隐患治理方案。

开展隐患治理工作，有关治理情况在社区公开。

建立辖区内事故与伤害记录机制，指定专人每季度进行一次生产安全、消防安全、交通安全、社会治安、燃气安全等各类事故与伤害数据的收集、整理与分析。

（二）隐患排查

实地隐患排查可以划片区分组进行，也可以按计划分步骤逐步开展。实地隐患排查的主要任务包括：发现 / 核实基层风险隐患，统计 / 记录既有风险标识 / 应对资源的现状，检查疏散通道是否通畅，核查 / 更新脆弱人群 / 设施及资源清单，征询社区居民对灾害风险管理的意见和建议，等等。

由于不同灾害隐患往往具有较大差异的特性与应对策略，日常基层隐患排查也经常按灾种不同，邀请不同的专业人士、相关单位技术力量有针对性地开展特定灾种的隐患排查。

1. 自然灾害隐患排查

不同地区的灾害隐患排查与治理的重点有所不同。例如，在洪灾易发地区，要在汛前开展社区防汛检查，整改洪水、内涝、雷击风险隐患点。在地质灾害易发地区，要在地质灾害隐患点设置警示标识，并加强日常监测。在林（牧）区社区周边，则要开设必要的防火隔离带，定期开展森林（草原）火灾隐患排查。

需要通过工程性措施进行治理的隐患，如地质灾害点的工程治理、河堤修葺、老旧建筑排危等，通常不是社区能够独立完成治理的，需要向上级相关单位汇报，争取公共资源并动员社区资源配合治理工程实施。

表4–9列举了4种常见的自然灾害隐患排查要点。

表 4–9　自然灾害隐患排查要点

主要灾害类型	隐患排查要点
地震	1. 断裂带上是否有违规建筑或设施； 2. 老旧建筑及附属设施（围墙、临时建筑、外装饰等）的危害性及范围； 3. 易倾倒、跌落家具、广告牌、悬空设施、玻璃等是否清楚、是否得到加固； 4. 临时建筑、工地等高危场所是否有易倾倒 / 垮塌设施； 5. 疏散通道是否堵塞； 6. 应急避难场所的通道是否畅通，应急设施是否保存完好并及时更新； 7. 脆弱家庭的备灾是否完备，帮扶志愿机制是否建立、是否还有效； 8. 地震疏散指示牌是否完好
洪涝灾害	1. 河堤、排水渠、下水道、拦水坝等设施是否完好； 2. 低洼地带是否存在车辆随意停放、临时建筑搭建等情况； 3. 是否有建筑、临时设施等堵塞泄洪河道的情况； 4. 洪涝淹没区是否存在违规电力设施、建筑垃圾等倾倒现象； 5. 公共设施是否有洪灾时漏电的风险； 6. 排洪区域是否存在违规作业（挖沙、非法建筑等）的现象； 7. 老旧桥梁等建筑设施是否存在风险
地质灾害	1. 地质灾害监测点是否出现异常现象（树木倾斜、检测标识异常、裂缝增大、有落石 / 地下水混浊等现象）； 2. 泥石流易发河道是否存在堵塞、违规建筑等情况； 3. 受地质灾害影响路段、房屋是否有足够的防护设施及管理机制； 4. 疏散路线是否畅通； 5. 应急避险点是否完好
台风	1. 老旧建筑及附属设施（围墙、临时建筑、外装饰等）是否有危害性； 2. 高层建筑、广告牌等是否有易倾倒及跌落风险； 3. 临时建筑、工地等高危场所是否有坍塌风险； 4. 室外疏散通道是否堵塞； 5. 室内应急避难场所的设施是否完善； 6. 排水沟、河堤等是否通畅完好

2. 事故隐患风险排查

参照《全国综合减灾示范社区创建标准》的要求，基层事故隐患排查主要包括3个方面。

设施安全方面：①协助行业主管部门定期开展辖区内市政管线检查，

确保供电、供水、供气等管线安全运行。居住建筑电气线路安装敷设规范，不私拉乱接电线，及时更换老化损坏的电气线路。②协助行业主管部门定期开展检查辖区内高层建筑电梯检查，确保安全运行。评估人员密集场所风险，建立大客流监测预警和应急管控制度。③定期开展消防车通道和居民楼内疏散通道、安全出口检查，确保生命通道符合标准要求，未被占用、堵塞、锁闭，未堆放影响安全疏散的物品。住宅楼的竖向管井管道防火封堵严密，电缆井、管道井等公共区域及配电柜、电表箱等处不堆放易燃可燃物品。④协助行业主管部门定期检查辖区内防雷安全，检查违规储存、使用或销售易燃易爆危险物品等情况。

火灾隐患方面：①疏散通道及消防通道是否畅通；②是否有私拉电线、电瓶车违规充电的情况；③变压器等脆弱设施是否存在风险，是否存在线路老化或超负荷现象；④消防栓、灭火器等消防设施是否完好；⑤是否有新增火灾高危场所、设施等；⑥是否有火灾易发的生产厂商 / 企业，其防火措施 / 管理机制是否健全；⑦木结构房屋、酒吧、网吧等场所是否存在消防管理漏洞。

交通事故隐患方面：①交通事故易发路段的标识牌 / 红绿灯 / 路障设施等是否完善 / 合理；②易结冰路面是否有结冰现象；③停车场的管理设施及机制是否完善，是否存在隐患点；④易发生事故路段的执勤 / 协管志愿者是否有风险 / 完善。

3. 公共卫生隐患排查

基层公共卫生隐患排查通常包括：①是否存在野生动物交易 / 抓捕 / 食用的现象；②环境卫生是否存在死角，垃圾 / 下水道等管理是否有漏洞；③是否存在假冒伪劣食品加工 / 交易的现象；④餐厅 / 学校食堂等卫生是否达标，食材是否腐烂 / 存放不妥。

4. 实地隐患排查过程中的注意事项

安全第一。排查小组要团队协同，不单独行动。所有排查工作要在保障安全的情况下开展，尤其线路排查、高空排查及交通事故高发地段、社会治安相对混杂地段的排查一定要有专业人员带队，且安排专门队员作为队伍行动的安全员。

认真记录。文字记录、影像记录等方式；指定专人负责记录并整理。

搁置争议。排查过程中，无论是队员间的分歧，还是排查小组与居民间的分歧，均可真实记录。不宜在室外展开过度争论，可以通过查询资料、请教专家、向上级相关单位汇报等方式另行解决。

（三）灾害事故隐患治理

1. 工程类隐患治理

管道燃气、供电、通信、有线电视等专业经营单位定期维护保养公共电气设备设施，及时整改电气火灾隐患。

开展电动自行车违规停放治理，电动自行车集中停放。设置符合用电安全要求的充电设施，充电场所满足消防安全条件。因客观条件无法设置集中停放、充电场所的，应加强日常管理，做好巡查、检查。

辖区内餐饮场所按规定安装可燃气体浓度报警装置。

2. 管理类隐患治理

很多管理类的隐患治理工作涉及驻区企业及商户、物业、业委会、小区居民、企事业单位等多方利益群体，需要多方协同管理。常见的管理类隐患治理包括以下6个方面。

脆弱设施的维护：变电器、河堤、水电设施等，社区应与相关单位取得联系，共同确定协同案例的方案并落实实施。

地质灾害隐患点的监测：一般需要长期监测的地质灾害隐患点都有监测员，社区需要对监测员提供充足的支持，并由社区应急志愿者救援队在必要的情况下协助监测员开展监测工作。

公共卫生的监测管理：疫情监测、环境卫生管理、公共场所消杀、食品卫生检查检测等，通常需要在必要的情况下及特殊时期协助相关单位进行监测管理。

交通事故易发路段 / 路口的监管：学校门口路段在上学、放学期间的监管，易结冰路段的清理，急转弯路段的大雾天气监管等，在特定期间也需要与相关单位协同管理。

疏散通道 / 消防通道的管理：通过与相关单位技术人员的确认合理确定疏散通道 / 消防通道的范围，由社区应急志愿者救援队协助，物业、业委会、居民等多方协同管理。

应急避难场所及标识牌管理：确定的应急避难场所应按规划完善标识牌系统建设，并与业主方及管理方（公园、体育馆、学校、驾校等）达成协同管理方案。

3. 涉及居民家庭的隐患治理

涉及居民家庭的隐患包括：需要动员居民 / 单位参与完善 / 改变的隐患，如完善家庭备灾、更换老旧线路、杜绝私拉线路用于电瓶车充电等深入居民 / 单位等私有领域的隐患；容易排除并通过加强管理的方式治理的隐患，如封闭的疏散通道、损坏 / 缺失的标识牌等公共场所 / 设施的隐患。

这类治理是基层应急管理的重要日常工作之一，挑战性强、涉及面广、周期长，可以划分任务模块，由社区应急志愿者救援队协助专门人员进行管理。

在很多情况下，工作人员需要进入居民家、办公场所、经营场所、厂房、田地等私人领域开展工作，这需要利益相关方的大力配合和协助。社区可以联手志愿者和社会组织，定期对公众进行宣传教育，推动社区风险防治共治和自治。

4. 其他隐患治理

如输入性疫情隐患、区域性重大事故灾害等。涉及社区周边及所在地区域性的风险隐患，需要与周边社区、上级主管单位等协同治理，并完善社区自身的此类风险应急预案。

四、基层特殊人群风险防范

（一）脆弱人群

社区应急管理中的脆弱人群通常指老弱病残孕等人群，但并不特指这些人群，因灾害事故种类、风险特征、隐患治理局限等，普通居民也可能是脆弱人群。例如，因各种原因不得不常年居住在地质灾害隐患点范围内的所有居民，都属于该地质灾害隐患的脆弱人群；居住在老旧建筑内的居民，都属于社区的火灾、地震、风灾等灾害事故的脆弱人群；120急救医护人员往往是传染病疫情的脆弱人群；等等。

在开展社区风险排查时，需要对脆弱人群进行统计（见表4–10）。

表 4–10　脆弱人群统计表

序号	姓名	电话	地址	特殊需求

对脆弱人群需要进行动态监测管理，每次风险排查都需要分工更新统计信息。除此，通常建议由社区应急志愿者救援队队员协助社区“两委”、网格员、物业公司 / 业委会等，对脆弱人群结对帮扶——突发状态下的疏散、安置等事项的帮扶；协助有脆弱人群的家庭制定家庭应急预案；积极推动家庭备灾；等等。

（二）外来务工人员

外来务工人员在社区应急管理中存在的问题主要有两方面。一方面，外来务工人员及其家属不熟悉社区环境条件，如社区灾害风险、脆弱设施、应急资源等，比较容易成为社区突发事件发生时的脆弱人群及“慌乱制造者”；另一方面，外来务工人员身份各异，社区居民对他们也不熟悉，其可能带有某种传染性疾病，还可能因劳务纠纷、工伤事故等意外情况成为社区安全管理的隐患。不过，外来务工人员也会给社区带来新力量——他们不仅热心公益志愿服务，还有特长、有资源，能为社区应急管理助力。

社区对外来务工人员的管理主要包括登记、告知、备案、动员参与等工作事项。对外来务工人员的登记信息应提交当地公安机关、应急管理部门备案，备案更新时间以社区应急预案修订时间为准，或与相关单位沟通确定。

外来务工人员登记管理实际执行难度较大，社区可以通过用工单位、房东 / 房屋租赁机构等协同公安机关加强管理。从社区应急的角度来看，对外来务工人员的登记管理可参照表4-11，如能建立外来务工人员档案，还可以添加籍贯信息、民族信仰、血型、工作单位及联系人、外出交通方式、在社区居住年限及计划等更多信息。

表 4-11　外来务工人员登记表

姓名	身份证号	居住地址	健康状况	紧急联系人	职业 / 特长	是否愿意成为应急志愿者	联系方式

对外来务工人员的应急告知书除了在公开栏、社区生活 App、社区网站等处公开，还可以通过用人单位、房东 / 房屋租赁机构等以纸质形式发放。应急告知书应包括社区常见灾害事故类型、应急避险办法、疏散路线、应急避难场所、家庭备灾清单、紧急救助电话等信息。

社区应急志愿者救援队应协助社区，积极动员外来务工人员参与社区应急共建共治——加入社区应急志愿者救援队的支队 / 分队，参加防灾减灾培训、参与社区应急志愿服务等。对外来务工人员的家属，也可视情况纳入社区应急预案的统筹管理范围。

典型案例　浙江省的新时代“枫桥经验”

20世纪60年代初，浙江省诸暨市枫桥镇在社会主义教育运动中“发动和依靠群众，坚持矛盾不上交，就地解决，实现捕人少，治安好”。1963年11月，毛泽东同志批示“要各地仿效，经过试点，推广去做”。“枫桥经验”成为全国政法战线的一面旗帜。

60多年来，浙江历届省委、省政府都高度重视学习推广“枫桥经验”。根据毛泽东同志的批示精神和中央在不同时期的具体要求，省委、省政府多次对这一典型进行具体指导，对全省各地学习推广“枫桥经验”提出明确要求。2003年11月，时任浙江省委书记的习近平同志在纪念毛泽东同志批示“枫桥经验”40周年暨创新“枫桥经验”大会上明确提出，“发展是硬道理、稳定是硬任务”，应充分珍惜“枫桥经验”、大力推广“枫桥经验”、不断创新“枫桥经验”。

新时代“枫桥经验”是在开展社会治理中实行“五个坚持”——坚持党建引领，坚持人民主体，坚持“三治融合”，坚持“四防并举”，坚持共建共享。党建引领是新时代“枫桥经验”的政治灵魂，反映了新时代“枫桥经验”的本质特征；人民主体是新时代“枫桥经验”的核心价值，实现人民的利益是新时代“枫桥经验”的价值导向；路径创新是新时代“枫桥经验”的实践特质，坚持自治、法治、德治“三治融合”是新时代“枫桥经验”的主要路径；人防、物防、技防、心防“四防并举”是新时代“枫桥经验”的重要手段；共建共享是新时代“枫桥经验”的工作格局。

2023年11月，习近平总书记在北京人民大会堂亲切会见全国“枫桥式工作法”入选单位代表，向他们表示诚挚问候和热烈祝贺，勉励他们再接再厉，坚持和发展好新时代“枫桥经验”，为推进更高水平的平安中国建设做出新的更大贡献。

拓展阅读 安全生产举报典型事例6则

《应急管理部关于进一步加强安全生产举报工作的指导意见》（应急〔2023〕106号）实施以来，各地进一步建立健全安全生产举报工作机制，鼓励举报重大事故隐患和安全生产违法行为，推进安全生产社会治理，预防和减少事故发生。

2023年，应急管理部公布了6起安全生产举报典型事例。

事例1：2023年4月，吉林省应急管理厅接到群众电话举报，反映白山市江源区某煤矿发生瓦斯爆燃事故，造成5人死亡、8人受伤。经白山市人民政府查证，该煤矿发生较大瓦斯爆燃事故，共造成4人死亡、4人受伤，直接经济损失1000余万元。事故发生后，该煤矿自行组织救援，未向应急部门报告，删除了与事故有关视频监控数据，蓄意瞒报事故。

举报人发现并举报生产经营单位瞒报事故行为，吉林省应急管理厅按相关规定，于2023年10月奖励举报人16万元。

事例2：2023年4月，山东省应急管理厅通过应急管理部“安全生产举报系统”接到群众举报，反映黄岛区某工贸企业存在主要负责人未进行安全生产教育和培训等违法行为。经查，被举报企业存在未按规定对主要负责人进行安全生产教育和培训，特种作业人员（焊工）未按规定经培训并取得相应资格后上岗作业，举报属实。上述行为违反了《中华人民共和国安全生产法》第二十八条第一款、第三十条第一款规定，黄岛区应急管理局依法对该企业作出行政处罚。

举报人发现并举报生产经营单位安全生产违法行为，山东省应急管理厅按相关规定，于2023年12月奖励举报人4.5万元。

事例3：2023年6月，广东省佛山市顺德区应急管理局接到群众电话举报，反映某金属制品企业焊工无证上岗。经查，被举报企业一名从事氩弧焊焊接作业人员未持特种作业操作证上岗作业，举报属实。上述行为违反了《中华人民共和国安全生产法》第三十条第一款规定，顺德区应急管理局依法对该企业作出行政处罚。

举报人发现并举报生产经营单位安全生产违法行为，顺德区应急管理局按相关规定，于2023年9月奖励举报人3000元。

事例4：2023年6月，湖南省长沙市雨花区应急管理局接到群众电话举报，反映跳马镇某居民区疑似存储危险化学品。经查，某企业在跳马镇某村一自建仓库内存放二氯丙烷、二氯乙烷等危险化学品约18.5吨，举报属实。上述行为违反了《危险化学品安全管理条例》第二十四条第一款规定，雨花区应急管理局依法对该企业作出行政处罚。

举报人发现并举报生产经营单位安全生产违法行为，雨花区应急管理局按相关规定，于2023年10月奖励举报人9000元。

事例5：2023年11月，湖北省应急管理厅接到国务院安全生产和消防工作考核巡查组第五组交办的群众举报，反映当阳市某企业存在私设柴油罐、电机皮带无防护罩等安全隐患和违法行为。经查，该企业存在破碎机、振动筛等转动设备设施电机皮带没有安装安全防护罩；破碎机、振动筛、电机等较大危险因素设备设施未设置安全警示标志；柴油危险品储存罐区场所未设置安全警示标志的违法行为，举报属实。上述行为违反了《中华人民共和国安全生产法》第三十五条、第三十六条规定，当阳市应急管理局依法对该企业作出行政处罚。

举报人发现并举报生产经营单位安全生产违法行为，湖北省应急管理厅按相关规定，于2023年12月奖励举报人4500元。

事例6：2023年12月，湖南省应急管理厅接到群众电话举报，反映郴州市宜章县长村乡某村一偏僻果园房屋内有人生产烟花爆竹。接报后，湖南省应急管理厅组织郴州市、宜章县应急管理部门，公安部门以及乡镇有关人员赴现场进行核查。现场抓获两名非法生产嫌疑人，查获成品899箱、半成品158箱、生产原料40余袋。经查，嫌疑人租赁果园房屋，非法生产“摔炮”。经专家初步现场勘查，该非法产品具有高敏感性，一碰就爆，危险性、危害性极大，举报属实。目前，该案已由公安部门立案侦查。

举报人发现并举报生产经营单位安全生产违法行为，湖南省应急管理厅按相关规定，于2023年12月奖励举报人20万元，这是湖南省应急管理厅12月发布《关于举报非法生产烟花爆竹线索奖励的公告》后即接到举报并兑现举报奖励。

第五章　基层监测与预警

面对可能发生的突发事件，风险防控工作主要体现为动态的风险监测和预警——风险监测属于风险感知与风险研判过程；预警与预警响应则属于风险处置过程。

一、概述

（一）监测

监测，顾名思义，有监视与测度之意，包括动态风险感知与风险研判两个环节。动态风险感知是指，应急管理主体综合运用各种手段对导致突发事件的危险要素及其先兆进行实时动态监视与测量；突发事件风险研判是指，在风险感知基础上开展风险评估，通过科学评价突发事件发生的可能性和严重度，对事件发生发展的态势做出科学评判和推断。因此，风险监测有以下4个特征。

1. 工作目标的明确性

突发事件风险监测的目的是判断近期是否会发生某些突发事件，为决策者是否立即采取突发事件应对活动提供决策参考，为及时发布预警信息提供依据。

2. 工作状态的持续性

监测是实时的、持续不断的动态监视与测量过程。突发事件的事前要监测，也要持续监测事后处置过程中相关联的事件风险。

3. 方法手段的综合性

综合运用各种科学方法、技术手段、信息技术平台与人工手段，并结合有关数据、情报和资料等，对自然灾害、事故灾难、公共卫生事件与社会安全事件的危险要素及其先兆（潜在威胁、危险源、危险区域，重要目标或系统运行中的危险因素）进行实时动态监视与测量。

4. 工作成果的智能性

监测主体要充分发挥工作的积极主动性，在风险监测过程中及时、敏感地研究判断搜集的数据与信息，并迅速上报评估结果。

突发事件监测的主体是县级以上人民政府及其有关工作部门，其负有完善监测网络、划分监测区域、确定监测点、明确监测项目、提供必要的设备设施、配备专职或者兼职人员的职责。风险监测以各行业领域的风险监测子平台为主。各级政府要在安全风险普查、风险评估、隐患排查治理等工作的基础上，扩展对跨地区、跨行业和耦合类、次生衍生类、新兴类安全风险的辨识评估力度，深入研究风险的主要成因和防控手段，明确需要监测的风险类型、设施、场所，综合应用多种技术手段，包括网格化、物联传感、卫星遥感、公众报警、舆情监测分析等，全面加强对人、物、环境等涉风险因素的实时监测。

基层突发事件监测是国家突发事件监测网络体系的有机组成部分，负有辅助监测本地突发事件与落实突发事件群防群测的责任。专职或者兼职信息报告员以及获悉突发事件信息的公民、法人或者其他组织应当立即向所在地政府、有关主管部门或者指定的专业机构报告。

（二）预警

预警，顾名思义，是指预先警示。“预警”一词最早源于军事领域，是指对敌人的行动进行识别、分析与判断，并向军事长官发出警告，以便提前采取应对措施；具体来说，预警是在风险监测基础上，在必要时发布警示信息，提醒有关政府部门、基层单位和全社会公众有针对性地做好各项防范、准备和应对措施。预警的时间跨度长短不一，时间短的预警仅有十几秒，如地震预警；时间长的预警可以长达数天，如洪灾、台风。因此，突发事件预警有以下4个特征。

1. 发布时间的及时性

预警发布时间是在突发事件还没发生或者已经发生，但是尚未到来之前。如果是在突发事件已经发生并且到来之后才对外发布信息，那就不再是预警范畴，而是事后公告。

2. 预警主体的法定性

广义的预警主体是提前获知突发事件即将或可能来临的组织或个人。通常，各级政府是法定的预警发布者。

3. 预警目的的针对性

预警目的是警告潜在的受影响者，并通过提供行动建议，促使其采取合理的避险措施。

4. 预警内容的具体性

预警内容是有关可能发生或者已经发生但是尚未来到本地的突发事件的风险信息及行动建议。

《中华人民共和国突发事件应对法》规定，国家建立健全突发事件预警制度；县级以上地方人民政府应当及时发布相应级别的警报，决定并宣布有关地区进入预警期，并及时上报。基层有责任落实好上级的预警要求。

（三）预警等级

预警实行分级制度，突发事件或风险预警一般划分为4个级别。《中华人民共和国突发事件应对法》第四十二条规定："可以预警的自然灾害、事故灾难和公共卫生事件的预警级别，按照突发事件发生的紧急程度、发展势态和可能造成的危害程度分为一级、二级、三级和四级，分别用红色、橙色、黄色和蓝色标示，一级为最高级别。”不同类型突发事件的预警信号会标注特殊的警示图标，便于公众快速识别与记忆。

（四）预警调整与解除

突发事件从孕育到发生有一个过程，各种要素是不断变化的，预警的级别也可能不断变化。有时会出现突发事件的影响和危险增大的情况，需要提高预警级别；有时会出现相反情况，则需要降低预警级别；有时会出现突发事件不发生的情况，则需要解除预警。

发布突发事件警报的政府应当根据事态的发展，按照有关规定适时调整预警级别并重新发布。有事实证明不可能发生突发事件或者危险已经解除的，发布警报的政府应当立即宣布解除警报，终止预警期，并解除已经采取的有关措施。

二、群测群防

在我国，突发事件监测预警机制的构建和运行都离不开政府，但基层群测群防则是及时有效监测预警的重要基础。

（一）骨干力量

我国的灾害群测群防作为地方政府组织城镇或农村社区居民为防治灾害而自觉建立与实施的工作体制和减灾行动，已成为有效减轻灾害负面影响的一种“自我识别、自我监测、自我预报、自我防范、自我应急和自我救治”体系。公众、法人和其他组织的参与不仅可以分担政府在监测与预警方面的负担，而且可以促进人防与技防相结合，提高监测与预警的效率。将公众、法人和其他组织力量都纳入监测预警有助于实现多手段、多途径、多渠道监测与预警，达到准确预警、有效预警的目的。

基层综合网格员、应急管理信息员（灾害信息员、群测群防员）、安全生产社会监督员、卫生监督员等都是各类突发事件的基层风险监测的骨干力量。他们负责动态巡查社区，配合相关职能部门对网格内自然灾害、社会治安、生产安全、交通安全、铁路运营安全、环境安全、消防安全、食品药品安全等突发事件风险及安全隐患进行动态巡查。

（二）责任人

基层灾害群测群防责任人应做到以下6个方面。

1. 帮助自我识别

通过多形式宣传和培训让广大群众知晓滑坡、崩塌、泥石流的灾害形态、发生的自然与人为情景、危险雨量判断与正确撤离路线。

2. 开展自我监测

落实基层防灾责任人职责要求，按照监测方法与要求，通过简易监测方法观察涉及各类灾害的蛛丝马迹，如可能引发地质灾害的地貌、地表植物和建筑物标志的各种细微变化；记录监测数据并注意灾害发展趋势；必要时，及时按程序逐级报告。

3. 进行自我预报

按照职责规定及时做出灾害预报预警。群测群防预警要使用尽可能简单易懂的语言或方式发布预警，包括无线电通信、电视广播系统、警报器、手机及社交媒体平台（微信、抖音等）。

4. 推动自我防范

注意提醒当地群众进行自我防范，提升其防灾的警觉性、应变能力和心理素质。要有针对性地经常提醒，如在地质灾害易发区，要提醒出入山坡地警戒区的居民及游客，留心处所周遭环境的异常现象及天气变化。

5. 能够自我应急

当发现重大险情时，除立即上报上级政府部门外，群测群防有关责任人应立即开展防灾应急的组织准备和物质准备。

6. 实施自我救助

一旦灾害发生，要临危不乱、沉着应对，在立即报告上级政府的同时，积极自觉组织自救互救，抢抓避免人员伤亡的宝贵时机。

三、值守应急

值守应急是指，为及时掌握和报告辖区内突发事件情况、动态办理向上级报送紧急重要事项、保证与上级部门联络畅通而进行的专门值班工作。值守应急工作作为辖区内应急管理工作的一部分，要高效开展信息采集、上传下达和必要的综合协调工作，是应急管理工作的重中之重，是处置突发事件的首要环节，是保障信息通畅的基础性工作。

（一）工作内容

基层要根据上级要求，建立健全值守应急工作各项制度和规范，推进值守应急工作制度化、规范化建设。乡镇（街道）要对下属单位的值守应急工作进行督促、指导、检查；遵守值班通报制度，定期通报辖区内值班工作情况。在此基础上，值守应急工作还包括：①负责日常值班和紧急事务的处置，负责接收和处理单位（辖区内）各类上报的紧急重大情况，及时向领导和上级政府报告区域内发生的紧急重大情况；②协助领导进行应急处置，并及时反馈处置情况；③调查分析辖区内可能发生突发事件的各类矛盾并及时上报；④建立值班信息网络，确保通信联络畅通，随时了解、掌握辖区内发生的突发事件情况和动态；⑤负责与辖区外单位建立畅通的联络渠道，开展互通信息工作；⑥承办领导交办的其他事项。

（二）工作原则

做好值守应急工作，必须把握以下4项原则。

1. 有情必报原则

值守应急人员在收到（或监测到）突发事件预警信息或初始信息后，要初步核实情况，按照事件性质、严重程度、可控性和影响范围等因素，进行分析研判，并立即向相关领导报告。

2. 运转高效原则

值守应急人员应拓宽信息渠道，提高突发事件信息报送时效；加强研判，提高突发事件信息报送质量；规范值守，防止突发事件信息迟报、谎报、瞒报、漏报。

3. 反应迅速原则

值守应急人员要及时妥善处理紧急文电和紧急突发事件，及时拆封办理急件，对于报告紧急重大事件、事故的电话、传真，要认真做好记录，立即与事发单位和有关方面核实后，按照上报层级顺序报告，并按照领导批示意见和相关工作规程办理；送领导的急件要及时通知相关方面。

4. 安全保密原则

值守应急人员要严格遵守各项保密规定，不得向无关人员透露涉密信息；使用电话、传真和计算机网络传递有关信息，要区分明件和密件，密来密复，严禁明密混用。

四、基层预警信息发布

预警信息包括发生或可能发生、造成或可能造成严重社会危害，可以预警的自然灾害、事故灾难和公共卫生事件信息。基层要根据应急预案流程，指定人员收集、汇总、甄别和分析预警信息，为预警信息发布做好准备。

（一）完善信息互通和联动发布机制

基层要完善与政府部门的信息互通和联动发布机制。以上级预警网络平台为依托，及时收集汇总灾害事故信息；完善与社会力量的信息互通和联动发布机制，包括驻区企业、商户、社会组织、学校和医院等，作为与专业预警网络的补充信息来源和发布渠道。

（二）及时发布预警信息

当基层接到来源可靠的预警信息后，应第一时间通过已经确定的各种形式对社区居民进行发布，确保信息能及时准确地传播到人。基层预警信息发布要明确预警受众对象、发布渠道和预警响应规定。

警报发布与传递的手段应当做到可靠、有效，应具备以下4个特点。

1. 手段多样性

警报传播媒介既包括广播电台、电视、报刊、互联网，工具包含但不限于座机、手机、警报器、宣传车，也包括鸣锣敲鼓、奔走相告等人际传播方式。具体地讲，要广泛利用多种社会传播手段和设施，如灾害气象电台、社区广播、报警器或语音警示系统、函件、电子邮件、手机预警应用程序（App）和手机短信等。在电力通信系统失灵后，要及时安排人员或动员志愿者上门通知预警信息，或者采用敲锣、手摇报警器等方式。

2. 对象针对性

警报传播要针对不同的群体采取不同的手段，如在广播、电视信号无法接收的情况下，可采取发警报或奔走相告的方式，对老、幼、病、残、孕等特殊人群、学校等特殊场所及警报盲区，应当采取有针对性的公告方式。

3. 范围全覆盖

警报的传播要确保可能受到突发事件影响的所有公众都能知晓警情。通常，应保持对特定群体发布警报手段的稳定性和经常性，使其能够密切关注相关信息。

4. 过程互动性

警报传递手段最好具备双向可达性，以便公众及时反馈警报接收信息。

（三）“叫应”机制

预警“叫应”机制，主要是指水利、气象等部门发布高等级预警时，第一时间电话报告本级防汛负责人，同时及时提醒预警覆盖的乡镇（街道）、党政主要负责人和村（社区）防汛责任人，确保预警信息及时“叫应”到责任人，切实解决预警落地“最后一公里”问题。

为确保预警“叫应”机制运转有效、信息到人，在平时就完善“叫应”机制。应结合社区网格化管理体系，建立健全“街道—社区—小区—楼栋”“乡镇—建制村—村民小组—户”的预警信息传播工作机制，明确传播手段。

五、预警响应

预警响应又称预警行动、预警措施——只发布预警，但不能保证预警取得预期效果，而衡量预警成功的标志是预警接收者迅速启动预警响应，按照预警的期望目标，及时采取适当的行动，有效规避风险与减少损失。为此，要根据快速反应、底线思维、分级负责、分区响应等要求建立并完善预警响应机制。针对可能或即将发生的突发事件，可采取以下4类预警响应措施。

（一）管理性措施

加强监测与研判。通过加强应急监测，提高监测的频率和密度，时刻观察可能发生的突发事件的发展变化，及时组织相关部门和专家会商研判，评估风险的后果与迫切程度，为科学决策及后续的应急处置活动提供支撑。

启动预警处置工作。政府及其相关部门适时启动预警响应后，基层根据预警级别和当地实际情况，按照法律规定和应急预案的要求，及时采取预警响应措施或直接启动应急响应。

提前准备应急响应。面对突发事件带来的威胁，要提前布置涉及人员、物资、设施和避难场所等方面的通知、集结和待命工作，随时做好投入应急处置工作的准备。

（二）保护性措施

组织人员避险。当致灾因子的破坏力难以约束时，基层可以在减少暴露度、保护承灾体等方面发挥更大的作用。为减少人在致灾因子面前的暴露度，可以优先采取疏散、转移、隔离等避险措施。

开展资产避险保护。针对当地银行、监狱、大坝、核电站等重点保护目标，要配合上级政府着力降低这些承灾体的系统脆弱性，加强保卫防御，避免突发事件对其造成的严重冲击。

（三）控制性措施

针对突发事件的发生强度、范围、发展速度等特征，在事前要采取有效措施，尽最大可能减轻严重程度、缩小破坏范围、减缓影响速度，以赢得缓冲时间，做好各项准备工作。

采取限制性措施。突发事件意味着一种紧急状态，在紧急状态下，有必要对公民和社会组织的正常权利进行约束，以保障应急处置工作顺利进行。在预警响应过程中，也要避免公权力过度扩张，侵犯公民的合理权利。

采取维护性措施。供水、供电、通信、交通等基础设施的运转涉及公共利益和社会的正常运转，要提前采取必要措施，保障应急处置的需要和社会生产生活的基本需求。

（四）信息性措施

在发布预警信息以后，基层应当配合上级政府及时发布动态信息。要定期、不定期地向辖区群众发布有关突发事件的预测、评估和警示等信息，以便各方力量与社会公众了解最新情况，做好防范和应对工作。

典型案例 “码上安全”智慧监管平台助力精准监管

以智能化手段推进安全监管是精准监管的必由之路。小微企业的“码上安全”智慧监管平台是一个典型的智能化监管解决方案。

1. 平台背景

沿街店铺、家庭小作坊等小微企业是城市经济发展的微细胞，在满足社会群体不同需求的同时，激发了城市发展的生机与活力，但是其给社会治理和安全管理也带来了现实问题。

一方面，小微企业数量多、变动多、经营关系复杂，导致安全监管难，主要表现为：一是现阶段大部分监管力量投入规模以上工业企业、危化企业等易出重大事故的场所安全管理，监管力量有限与小微企业数量庞大形成的鲜明对比，导致小微企业的安全管理存在盲区、空白区；二是小微企业经营关系复杂，存在大量跨行业、跨地域、跨部门的现象，导致监管责任不明晰，主体责任难落实。

另一方面，小微企业业主安全意识薄弱、安全能力不足，对安全工作做什么、怎么做、查什么、怎么查，不清楚不明白，导致企业安全主体责任难以落实。

“码上安全”智慧监管平台针对小微企业安全管理政府监管难、企业责任落实难的问题，从基层出发，以企业业主、网格员、区镇街安全管理部门为服务对象，将沿街店铺、家庭小作坊等小微企业作为切入口，为不同行业、不同类型、不同区域、不同规模的小微企业安全管理提供个性化、定制化、智能化安全检查清单，使检查针对性更强、更有实效。

同时，通过企业自查、网格巡查、监管督查，实现安全检查闭环管理。配以安全检查教学视频，通过安全宣教直接提升企业自身安全能力，夯实安全责任落实。建立小微企业安全生产积分管理制度，通过安全积分实现小微企业安全重点“冒泡”，将小微企业安全管理从“眉毛胡子一把抓”的状态变为“有的放矢”，让小微企业安全管理底数更清晰、巡查更精准。构建隐患分级分类分期整治闭环规则，对隐患按照消防安全、生产安全、食品安全、燃气安全等安全类型进行职能部门划分、整改期限划分、整改意见划分、闭环流程划分，构建隐患分工协作、齐抓共管的模式，使安全治理责任更具体、参与更广泛。

2. 具体做法

（1）企业全覆盖，数据更清晰

一是精准到户，完善基础信息。以网格为单位，开展拉网式排摸，针对小微企业的安全生产基本情况进行逐一登记造册、建立电子档案，并同步对企业（商铺）进行入库贴码。二是服务精准巡查，摸清风险隐患。对照平台内的检查清单和要求，企业经营主体、社区网格长、街道安监所三方联动，按时开展自查、巡查和排查，做到安全生产隐患发现、查处、消除“三及时”，辖区整体安全生产情况家底更清、情况更明。三是精准到线，强化监督巡查。依托平台研判分析功能，明确安全生产重点监管企业及主要安全隐患，开展针对性专项整治工作，并对相关企业定期回头看，实现排查“零盲区”、整治“零容忍”，形成“平台吹哨、部门报到”，以及部门、街道、社区协同的“联防联控”安全生产监管新模式。

（2）精细化管理，责任更具体

一是完善管理体系。结合实际，制定完善企业安全生产积分制管理制度，明确各主体责任、企业管理要求、赋分原则等多项标准，根据企业自查、安全管理员巡查、安监所执法检查3个层次给予加减分，并以年度为单位，对辖区企业得分进行总排名，使企业安全生产情况量化、一目了然。二是明确监管责任。以平台为载体，实现街道、企业、网格员三级联动，共同开展辖区企业安全监管工作。明确企业自查责任，鼓励企业“班前班后扫扫码，安全工作对对账”，强化网格长对企业的巡查和监督，街道安监所及时对重点隐患、平台预警、赋分异常等情况进行执法检查，根据实际情况开展专项整治行动。三是强化奖惩措施。根据积分排名实行“安全生产红黑榜”，对于排名前列的企业予以通报表扬，给予专享服务优先以及积分奖品兑换等激励；排名末尾的，对其负责人进行约谈、开展专项检查等，长期多次排名靠后企业，成立专门工作小组进驻整治。

（3）个性化定制，巡查更精准

一是定制巡查清单。根据辖区企业类型，平台实行“灵活定制、分类管控”办法，将辖区企业分为非店铺、餐饮类店铺和非餐饮店铺，根据具体情况和特性制订个性化检查清单，检查清单可根据上级重点工作及要求进行调整，并制订自查巡查时段要求。二是明确巡查内容。“码上安全”以条目菜单的形式列清安全生产检查项目和要求，涵盖安全生产、食品安全等，包含安全设施、环境卫生等10余个项目。三是强化执法监督。以积分排名为基础，有针对性地开展不同强度、频次的执法检查，确保问题整改到位，对重点隐患由平台实时预警，即时处置。针对多次未履职到位的责任主体，由街道对其约谈，同时将成绩清单、信用体系与相关职能部门共享。

（4）培训精准化，宣教更直接

一是实现培训常态化。结合街道集中安全培训教育，将培训要点、实践和效果追踪纳入“码上安全”智慧监管平台，加入要闻宣传、重点推送等功能，发挥企业日常对账检查中的培训教育作用，实现“掌上有教学、随时可学习”的常态化培训。二是强化培训时效性。围绕区重点工作安排及近期发生的重大安全事故，及时梳理工作要点，并将相关内容在平台上同步更新，充分发挥平台的宣传作用，强化培训教育时效性。三是提高培训精准度。利用百度应急管理人工智能应用联合创新实验室的大数据运算能力和分析能力，将收集的企业安全数据信息进行分析研判，定向定点定企开展针对性的安全培训教育课程。

（5）力量全调动，参与更广泛

一是实现部门多方联动。将各条线的检查清单、工作要求和内容纳入“码上安全”智慧监管平台，开展协同化的检查监管。例如，宁波市鄞州区福明街道计划将辖区近1000家沿街店铺的“码上安全”监管项目延伸至安全生产、公安、综合执法及市场监管等多部门，形成多部门联动共享的大数据智能监管体系，厘清各部门监管责任，落实监管职责。二是构建群众评价体系。通过扫描安全码，群众可以随时了解商铺安全生产积分、排名等基本情况，并为店铺评价打分、提建议，实现群众高度参与、共同监督。三是助力构建更加规范化的社会化服务体系。深化与政府部门、社会团体、相关企业的合作，将企业店铺的安全生产情况予以共享通报、信息公示，加强与生活服务等互联网平台的深度合作，对红黑榜单位引流或限流，以形成倒逼机制。积极推动“码上安全”智慧监管平台与现有社会化服务项目的融合推进，逐步将已投保安责险的900余家工贸企业和42家高危企业纳入“码上安全”管理平台，并进一步探索“保险＋服务”模式在住宅小区、避灾安置场所、特种设备等相关重点行业领域的推广应用。

3. 工作成效

“码上安全”智慧监管平台自宁波市鄞州区明楼街道试点以来，助力该街道实现安全生产事故数量同比大幅下降55%，并实现“安全事故伤亡人数为0、消防事故伤亡人数为0”的良好成效。2021年5月27日，在宁波市安委办、宁波市应急管理局的牵头下，该平台在宁波市进行全面推广，以鄞州区全覆盖，其他区县（市）、相关市直开发园区试点先行为目标，结合本地实际情况进行推广试点。据平台负责人张凌豪分析，截至2023年，宁波市已经完成108个镇街的覆盖应用，生产安全、消防安全、食品安全等各类安全隐患网格巡查逾168万次，企业主自查逾162万次，累计发现各类安全隐患103589个，累计整改闭环17.6万个，该平台日访问量达1586人，日打开次数达4132次。同时，针对用户画像不同，通过微信等渠道推送安全知识直达用户，累计完成77万人次的线上培训，涵盖电瓶车充电安全、消防安全、灭火器使用、瓶装液化气安全使用、危险化学品存储、电信网络诈骗等20余种（数据来源：浙江新蓝成信息科技有限公司）。

拓展阅读 常见自然灾害的监测预警

1. 水灾

汛期来临，有关地方要加大加密水灾监测预警力度。

保障上，通信系统要畅通。确保防汛通信专网、蓄滞洪区预警系统畅通，确保雨情、水情、工情、灾情信息及指挥调度指令及时传递。

管理上，应急值守与监测预警要加强。汛期来临，各级防汛指挥部要密切关注天气变化，加强气象与汛情的监测和会商研判，及时发出预警信息，落实各项预警行动。

执行上，落实避险措施要坚决果断。根据预警要求，坚决果断组织低洼地区、危旧房屋、山洪易发区、泥石流等地质灾害易发区、采空区、蓄滞洪区、存在洪灾风险的旅游景区等危险地区的群众疏散转移，落实各项避险措施。

管控上，监督检查要及时到位。汛前或遇有重大汛情时，要深入开展检查督查，确保相关单位防汛责任制、应急预案、抢险队伍、应急物资、值守人员落实到位，发现薄弱环节要迅速明确责任、限时整改。

2. 泥石流灾害

在泥石流灾害易发季节，各地要加强灾害监测工作。

加强监测。针对泥石流易发区域，相关部门要监测流域的降雨过程和降雨量，根据经验判断降雨激发泥石流的可能性；监测沟岸滑坡活动情况，以及沟谷中松散土石堆积情况，分析滑坡堵河及引发溃决型泥石流的动态风险。比如，下游河水若突然断流，可能是上游有滑坡堵河或溃决型泥石流发生的前兆。

加强观测。在泥石流形成区设置人工或视像观测点，发现上游形成泥石流时，及时向下游发出预警信号。

加强巡查。对城镇、村庄、厂矿上游的水库、尾矿库经常进行巡查。

发现坝体不稳、可能引发山洪泥石流灾害时，及时采取避灾避险措施。

3. 台风灾害

减少台风灾害损失的关键是预防准备与监测预警工作要做到位。我国沿海地区应对台风这种典型的“灰犀牛”事件取得了较为丰富的经验，主要有以下3点。

（1）开展台风季前的隐患整改工作

开展防台隐患整改：在台风到来之前，各地要抓紧开展防汛防风隐患排查，强化隐患消除整改。例如，对城市的广告牌、玻璃幕墙等高空构筑物，以及塔吊、围墙、行道树等易倒伏物进行加固或拆除。水库、三级以上堤防（海塘）和其他险工险段等防洪工程管理单位要加强巡查，建立日常巡查制度。

开展防台检查督导：防汛防台指挥机构应当在台汛前，组织有关部门和单位开展防台检查督导，发现防台安全问题的，立即责成有关单位限期处理和整改。

（2）台风来临之前做好应急准备工作

抢险准备，即预置力量，及时抗台抢险救灾。一是严格执行领导干部到岗带班和24小时值班制度，发现险情及时处置；二是预置抢险救援力量到预报重点区域、灾害多发易发区域，全力做好抢险救援准备；三是备足防汛抢险救灾物资，做好灾后救助工作，确保灾区社会稳定。

转移安置，即以人为本，提前做好群众转移。一是上岸避险，突出抓好船只回港避风、海上作业人员和近海渔排养殖人员上岸避险工作；二是全力做好低洼易涝区、地质灾害隐患点、老旧小区、旅游景区、在建工地等重点区域人员转移安置工作；三是视情况采取停工、停业、停产、停课、休市等非常措施。

防涝保通，即严防内涝，确保城市正常运转。一是对城市防洪排涝工作做出专项部署和周密安排；二是加强城市排水管网、排涝泵站等设施的检查和管护；三是落实城区河道、低洼易涝地区、地下商场及地铁、机场、下沉式立交桥等主要交通枢纽的防洪排涝措施。

（3）台风来临之际做好监测预警工作

预警预报，即密切监视，滚动做出预报预警。防汛防台跟踪台风动向，研究防御对策，明确防御重点，及时将有关信息向社会发布。一是及时监测预警，密切监视风情雨情水情发展变化，滚动预报，及时预警；二是预警信息要到位，充分运用互联网、短信、微信、广播、电视等现代预警手段及大喇叭、铜锣、哨子、手摇警报器等传统手段，第一时间将预警信息传递到村、到户、到人。

群测群防，即强化山洪和地质灾害防御。一是充分发挥基层防汛防台群测群防体系和山洪灾害防治县级非工程措施作用，加强对山洪灾害易发区、地质灾害易发点等危险区域的巡查监测；二是必要时提前预警，一旦发现危险征兆，立即向可能受影响地区发出警报，转移群众。

拓展阅读　2022年全国地质灾害成功避险案例

四川马尔康："6·10"俄热塘滑坡避险

2022年6月10日凌晨，四川省阿坝藏族羌族自治州马尔康市草登乡先后发生5.8级、6.0级地震；6月10日2时许，草登乡科拉机村四组俄热塘突发滑坡地质灾害。因州、市地灾防治知识宣传培训到位、防灾措施落实到位以及监测员然拉木滚履职到位，3户19人被提前转移避险，避免了人员伤亡。

2022年6月9日16时30分，阿坝州自然资源局发出通知：6月9日20时至6月10日20时，马尔康市地质灾害风险预警等级为Ⅲ级（黄色预警）。马尔康市自然资源局值班人员及时将预警信息转发给各乡镇相关工作人员、地灾隐患点监测员、在建工程管理人员等，加强监测预警，并果断提前组织受威胁群众避险转移。6月9日20时，草登乡科拉机村俄热塘滑坡监测员发现房屋旁一条从未断流的小溪断流，立即将受威胁的3户19人全部撤离至安全地带。6月10日零时3分左右，草登乡科拉机村突发5.8级地震；1时许，再次发生6.0级地震，导致俄热塘滑坡土体松动，原有裂缝贯通；2时许，山体表层崩滑，破碎坡体沿山体表层冲下，造成2户房屋垮塌。

启示：2022年，四川省各州、市进一步建立健全群测群防体系和"五级"包保责任制，严格执行汛期24小时值班制度，要求监测员接到地质灾害Ⅲ级（黄色预警）及以上预警预报信息后，及时加密隐患点监测频次，坚持24小时不离人。本次灾害成功避险，正是得益于地方党委、政府高度重视、持续推进地质灾害综合防治体系建设，自然资源部门、基层乡镇将地灾防治措施落实到位，以及村组基层党员干部危急时刻豁得出、关键时刻顶得上，从而最大限度保障了人民生命安全。

浙江龙泉："6·20"剑池街道滑坡避险

2022年6月20日20时左右，浙江省龙泉市剑池街道社区南大洋41号欧立木业中建二局项目部临时员工宿舍东侧山坡发生滑坡，造成区块内5幢临时板房倒塌、4幢临时板房倾斜受损。由于受威胁人员被及时转移，避免了113人伤亡。

2022年6月20日8时，浙江省自然资源厅发布龙泉市地质灾害气象橙色预警。随后，龙泉市剑池街道群测群防员就风险防范区及高陡边坡区块开展了全面巡查工作。当日15时左右，龙泉市剑池街道南大洋社区工作人员在巡查中发现中建二局项目部临时员工宿舍东侧山体有土石滑落，立即上报给街道工作人员。接到相关信息报告后，龙泉市自然资源和规划局和剑池街道工作人员会同“驻县进乡”技术队员第一时间赶赴现场，指导应急处置等相关工作，并组织坡面下方临时宿舍工棚内人员撤离。当日20时左右，该处东侧山体发生滑坡。

启示：群测群防员主动加强雨前雨后对房前屋后的扩面巡查，及时发现地灾迹象、报告险情；当地克服“不是地质灾害隐患点就不需要人员转移”的麻痹思想，及时有序转移全部受威胁群众，并做到无一遗漏，才有效避免了人员伤亡。这一案例的成功经验表明，基层地质灾害防治就是要不折不扣地落实“三查”（雨前排查、雨中巡查、雨后核查）与“三个撤离”（提前撤、及时撤、果断撤）的要求，才能确保第一时间发现风险隐患、第一时间撤离避险。

云南福贡：“6·30”资马朵泥石流避险

云南省怒江傈僳族自治州福贡县资马朵泥石流沟为怒江右岸一级支沟。2022年6月30日7时50分左右，这里暴发泥石流，由于预警及时，13户62人被撤离，未造成人员伤亡。

2022年6月29日，怒江州气象局发布地质灾害气象风险Ⅱ级预警。当地地灾监测人员接收预警信息后立即对隐患点展开巡查，未发现明显异常。6月30日7时20分左右，地质灾害监测员听到沟道传出洪水轰鸣声，立即电话告知村党支部书记、村小组长，同时第一时间赶往靠近泥石流沟边的资马朵组。3人赶到现场后，监测员和村小组长沿着沟往下喊话通知群众赶紧撤离，村党支部书记留在资马朵组织群众撤离到安全区域。当日7时50分左右，泥石流通过资马朵组居民区。

启示：基层党员干部和专职监测员的地质灾害防治基本知识培训普及，在此次地质灾害应急处置中发挥了至关重要的作用。近年来，云南省、州、县各级自然资源主管部门积极组织开展地质灾害防治知识宣讲培训和受威胁群众应急避险演练，增加了地质灾害易发区基层党员干部和防灾责任人、监测员的识灾、防灾、避灾知识储备，大幅提升了他们“主动避让、提前避让、预防避让”的意识和自救、互救能力，为开展地质灾害群测群防及监测预警工作奠定了坚实的基础。

陕西镇巴：“7·22”鹿子坝村滑坡避险

2022年7月22日12时许，陕西省镇巴县泾洋街道鹿子坝村塘坊组发生滑坡，导致泾洋河水位上升，6户15间房屋受损、200米供水管道被损坏。因技术支撑单位巡查时发现坡体碎石滚落，会同当地政府及时组织受威胁的21户67人撤离，避免了6户11人伤亡。

滑体所属边坡下部坡脚部位因修建星子山隧道引线曾进行边坡开挖。2022年7月22日上午，镇巴县地质环境监测站联合技术支撑单位在进行地灾隐患巡查时，发现鹿子坝村塘坊组道路边碎石滚落频繁，于是立即通知镇、村相关部门，要求对受威胁群众进行撤离。7月22日12时，滑坡发生。

启示：这次成功避险告诉我们，在今后的地质灾害隐患巡查工作中要对确定的重点区域、重点路段加强巡查，必要时联合技术支撑单位，根据周边发生过的灾情进行类比分析、综合研判，预测灾害发生后可能产生的次生灾害和影响范围，对间接影响范围内的受威胁住户也要坚决果断撤离，确保群众生命安全万无一失。

甘肃高台：“8·13”北沟泥石流避险

2022年8月13日8时45分，甘肃省张掖市高台县罗城镇天城村天城北沟突发泥石流灾害，造成天城村大部分居民房屋受灾，直接经济损失5560万元。由于提前预警处置得当，受威胁的405户1165人全部成功避险转移。

本次泥石流发生地为登记在册隐患点。2022年汛期排查时，技术支撑单位技术人员再次复核了该隐患点，并通知群测群防员注意定期巡查，特别是发生连续降雨或瞬时暴雨时要及时巡查。2022年8月13日，接到省、市、县Ⅲ级暴雨橙色预警信号后，当地地灾群测群防员、乡镇政府和国土资源所负责人、当地技术支撑人员、县自然资源局工作人员协调联动，紧急开展雨中巡查，划定危险区域，并发出紧急撤离避险指令。当日7时5分，泥石流威胁范围内的588户1552名群众全部成功撤离。同时，高台县自然资源局联合各国土资源所，协助危险区内的厂矿企业和相关作业单位成功撤离170人。

启示：防治地质灾害重在未雨绸缪，对在册地质灾害隐患点的常态化巡查排查时刻不能放松。此次泥石流避险成功，和当地的宣传培训工作落实到位不无关系，更得益于地质灾害群测群防员在日常巡查监测中仔细观测，能发现险情及时预警，并迅速组织受威胁群众按照设定的避险路线进行转移。

第六章　基层第一响应与应急处置

突发事件发生后，基层组织扮演着“第一响应人”的角色，承担着重要的先期处置责任。当突发事件后果增大、由上级统一指挥应急响应时，基层组织则有落实上级指令、配合应急处置的责任。

一、应急响应与应急处置概述

（一）应急响应

应急响应是在突发事件发生后，应急响应主体调动应急救援队伍和社会力量，采取的减少损害、防止突发事件扩大和次生灾害滋生措施的行动。应急响应包括：搜索与救援，医疗急救，紧急疏散，灾害评估，控制危险源，提供水、食品及避难场所，卫生管理，维持治安，社会心理咨询服务，恢复关键性基础设施，对捐赠进行管理、协调等活动。应急响应包括应急处置与应急救援两个方面的活动。

（二）应急处置与应急救援

应急处置是指，突发事件发生后，履行统一领导职责或者组织处置突发事件的行为主体（通常是某一级政府），组织有关部门、调动应急救援队伍和社会力量，依照有关法律、法规、规章采取应急处置措施的过程。

应急救援是指，有关行为主体组织本机构应急救援队伍和工作人员营救受害人员，疏散、撤离、安置受到威胁的人员，控制危险源，标明危险区域，封锁危险场所，并采取其他防止危害扩大的必要措施等的工作。

因此，应急处置是突发事件发生后的总体性应急响应行动，而应急救援是应急处置中的技术性操作行动。

（三）应急响应阶段

突发事件发生后的应急处置与应急救援通常分为以下3个阶段。

1. 紧急响应期

这一时期是基层紧急投入拯救生命等先期处置工作、各个层面紧急动员的时期。在一定程度上，这一时期也是无序期。到本期末，各个层级的应急指挥体系大多已较为完整地建立，不少地方在本期末都已召开了第一次指挥部会议。

2. 全面响应期

这一时期仍属于黄金救援期，既是各项抢险救灾工作全面展开的时期，也是抢险救灾中人员搜救、基础设施抢险任务异常繁重的时期。

3. 深度响应期

这一时期是各项工作秩序已基本形成，将受灾群众安置、次生灾害防治作为重点工作的时期。此阶段对各项工作的系统性和工作质量要求高，因此称为深度响应期。

二、基层应急指挥

突发事件发生后，基层作为一线应急响应力量，其良好的应急指挥效能是降低灾害事故影响的关键。基层应迅速启动应急响应机制，成立应急指挥部，协调有关单位和社会力量开展处置工作。

（一）启动应急响应

基层要在突发事件发生后第一时间根据应急预案启动应急响应，并依据应急预案有序开展相关工作——迅速组建指挥团队，成立应急指挥部。如发生复杂的涉及专业性问题的突发事件（危化事故和公共卫生事件等），则要迅速布置专家到位或启动专家组，为一线处置团队提供专业指导意见。

在大多数情况下，基层指挥团队不是临时组建的队伍，而是在制定预案时就组建完成的，且指挥团队成员参加过相应的培训和演练。

基层应急指挥团队至少包括：指挥长，负责联络、宣传、安全事务的负责人，以及各个具体应急响应组（队）的负责人（见图6–1）。

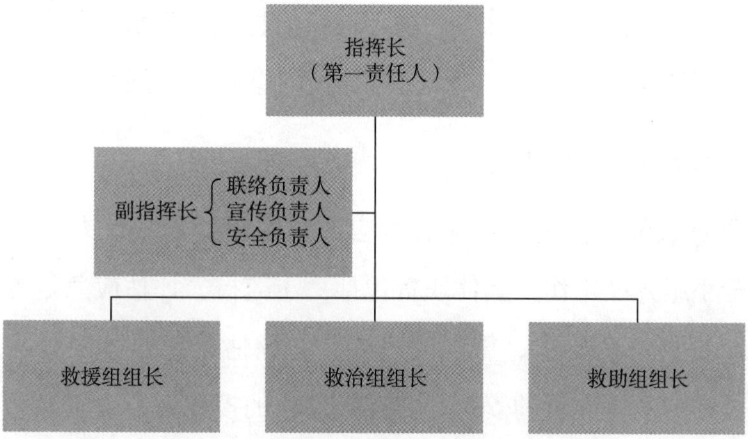

图 6–1　基层应急指挥团队人员构成示意

1. 指挥长

指挥长是突发事件应急响应的第一责任人，必要时由党政一把手担任。具体职责包括：①把握政策与政治要求；②建立突发事件应对现场指挥部；③开展事态评估与研判；④制定应急处置目标，确定处置工作的优先顺序；⑤确定恰当的组织架构，指挥各岗位人员开展工作；⑥批准和授权实施处置方案；⑦审批资源调配和归位申请；⑧保障处置现场及人员安全；⑨担任新闻发言人，授权向公众和媒体发布信息；⑩需要时，向上级移交指挥权。

2. 联络负责人（副指挥长）

联络负责人负责与有关方面的沟通联络，通常会带领一个综合协调小组开展工作。具体职责包括：①与上级党政军机构、社会组织、驻辖区企事业单位、商户等对接沟通，向本级指挥部报告有关信息；②联系各协助单位和机构，协调应急救援力量与资源；③将现场灾情信息及时传达给各协助单位和机构，保持有效沟通和互动；④应急救援后各方资源遣送与归位。

3. 宣传负责人（副指挥长）

宣传负责人负责宣传报道工作，通常会带领一个宣传报道组。具体职责包括：①向指挥长和上级宣传部门了解应急宣传工作要求；②收集灾情与应急处置信息，经指挥长审批后，发布最新信息；③联系有关媒体，必要时协助指挥长召开媒体通气会；④安排媒体记者参观、访问和采访。

4. 安全负责人（副指挥长）

安全负责人的责任是确保应急响应过程中的处置救援人员安全，可带领一个安全小组开展工作。具体职责包括：①监控、评估应急处置现场安全情况，及时提出安全要求、警告或建议；②评估应急处置方案、行动部署和战术是否影响救援人员的安全；③在指挥长的授权下，负责紧急停止或阻止有安全隐患的应急处置行动；④调查应急处置过程中发生的次生灾害 / 事故，提出整改措施。安全负责人也可以由救援组（队）负责人兼任。

（二）制订初期应急处置方案

指挥长要组织指挥部迅速制订初期应急处置方案。处置方案内容包括应急处置目标、行动时间安排、抢险救援战术、各项应急响应工作的组织协调、指挥部会议制度、资源支撑保障等。如有可能，处置方案还应包括计划时间表、会议日程表等具体可实施的内容。

处置方案要根据实时评估结果与一线应急响应人员的反馈，及时进行修订和调整，并汇报上级单位。另外，要指定专人做好应急响应工作记录和应急处置计划的文件存档工作。

（三）调用资源力量和应急物资

要根据突发事件应对具体需要和应急预案要求采取以下行动：①通知基层第一响应队或应急志愿救援队伍在指定的集结点集合，必要时启用更多社会力量参与应急救援的工作机制；②调运应急物资（包括应急装备、设备、工具等）到突发事件应急处置现场，为应急处置提供后勤保障支持，并于事后做好资源复位；③安排专人做好工作记录、情况报告和文件存档等工作。

（四）现场指挥

基层应急指挥部根据需要可将自身作为现场指挥部，或另行成立现场指挥部。现场指挥工作包括以下6个方面。

1. 开展现场情况勘查

第一时间启动应急响应后，基层应急指挥团队抵达突发事件现场，指挥长和相关人员要在确保安全的情况下，深入现场查看情况。

2. 召开应急处置会议

包括灾情通报会、方案制订 / 修订会、救援救助行动通报会等。

3. 完善应急处置方案

根据现场实时情况和响应过程，以及对行动情况的评估结果，对应急处置方案就行修订。

4. 现场部署处置任务

根据应急处置方案，安排指挥团队各岗位工作任务，并在处置过程中对其进行评估。

5. 评估总结处置行动

根据事态和行动进展，开展实时动态评估，并召开阶段性处置行动总结会。

6. 记录汇报处置行动

汇总、分析所有文件资料，并形成报告交予上级。

三、基层统筹协调

灾害事故发生后，依据预案，基层应急指挥部要动员辖区内及周边的社会力量参与应急处置工作。如果灾害事故影响与破坏范围较大，为确保救灾工作能够高效有序地开展，基层应急指挥部要在上级部门的指导下，对本地区外来社会力量进行统筹协调管理。

（一）辖区内的社会力量

按照应急预案，基层应急指挥部可以根据突发事件的不同等级或实际需求，安排专人负责动员并统筹社区内的社会力量资源投入应急响应工作。统筹协调辖区内的社会力量需注意以下4个方面。

1. 坚守安全第一原则

在启用社会力量提供的应急人力物力资源、提供应急救援服务之前，评估涉及救援行动的建筑物、车辆、环境等的安全状况。即使有相应的救援资源与能力，原则上也不得冒险进入受到重度破坏的建筑内开展救援工作。加强保障车辆等设备使用过程中的安全。在任何情况下，都应遵循至少两人一组的形式开展救援与处置工作。

2. 遵循尊重和自愿原则

对于资源/技术等救援资源的拥有者或提供方，应尽量基于自愿原则请求其无偿提供资源或志愿服务，充分尊重捐赠者或志愿服务者的个人意愿。

3. 落实应有的保护与关爱措施

对提供志愿服务或资源服务的社会力量，应尽量为其提供防护装备、防护培训及短期保险，并合理安排轮岗制，使疲劳的志愿者得到休息与补给，条件允许时应给予其一定的优待。

4. 做好统计与记录

对提供资源与服务的社会力量，应安排专人统计和记录其所提供服务的类型、数量、规格、时间、过程、结果等。对于需要在应急状态解除后给予补偿的资源或服务，更要有专门的准确统计和记录，并保留必要的财务资料。

（二）外来援助的社会力量

对于基层来说，外来援助的社会力量往往难以提前了解。基层应急部门日常可以通过地方政府相关单位（如民政局、慈善总会、红十字会等）提前与所在市县的应急救援相关的社会组织、慈善基金会、物流公司、知名企业等建立联系。在基层有突发事件发生并需要外部援助时，可以在最短时间内获得相关资源方的支持。

当突发事件较为严重时，基层可能会获得较多外来社会力量的援助，有必要指派专人负责统筹协调工作。统筹协调辖区外的社会力量需要注意4个方面。

第一，外来援助的社会力量通常需要通过政府应急指挥中心或下属部门统筹协调，经其授权或备案，再为基层提供援助。基层应急指挥部须核实其身份，并登记援助信息和联系人方式。对未经授权或备案的外来社会力量，应按照上级有关规定协助其完成备案，详细地记录统计相关援助行动内容，及时上报上级指挥中心。

第二，基层对于前来报到的外来援助的社会力量应第一时间了解其提供的援助内容、形式、数量及周期等，根据需要及时布置相应工作任务，为其提供必要的工作条件与协助。

第三，对外来社会力量的服务要提供有效的管理与服务。及时记录、统计和更新其提供的工作信息，并及时安排指挥部有经验的人员测评援助工作的成效，需要时提出建设性的意见建议与要求。

第四，外来社会力量的援助终止或退出时，应做好未尽事宜的安排，留下长期联络人信息，并及时向上级指挥中心报告相关援助信息。

（三）信息统计报送

在突发事件应急处置过程中，灾情与应急处置情况的信息记录和传达，对制订和调整应急处置方案至关重要。这些信息包括灾害事故发展情况、现场应急处置救援状况、资源调配情况及处置过程中遇到的新情况、新问题等。

在基层一线开展应急处置的救援人员，尤其是社区应急救援队各职能组组长，要负责收集、汇总一线情况，及时向上级报告。

四、搜索营救

以往的灾害应对经验告诉我们，灾害发生后最先响应、营救受困者的人员大多是那些自发的、未接受过专业培训的、出于善意的人们。灾害发生后，他们第一时间冲入废墟试图解救受困者。但是，这些自发的救援人员可能会导致更多的人员受伤或引起更复杂的问题。因此，提升应急救援效能的关键是，事先培育基层第一响应人队伍。这些基层救援人员应在开展救援行动前熟悉应急预案并持续开展相关技能训练。另外，灾害发生后，所有人都有伤亡的风险，即便救援人员也不例外。如果他们提前做好准备或经过训练，这种人身伤害风险将会降低。

（一）行动基础

有效的搜索和营救取决于有效的灾情评估、确保营救人员的安全，以及在此基础上安全地拯救受困人员。为此，要明确基层应急搜救营救行动的任务、挑战与原则。

1. 行动任务

搜索和营救有3项独立任务。

评估。对突发事件现场情况进行评估，并制订安全的应急搜救行动方案。

搜索。包括定位及记录受困者位置两个方面。

营救。营救出受困者的行动，包括程序和方法两个方面。

2. 行动挑战

决定开展营救前，要充分考虑3个方面的问题，并提出解决方案。

营救人员可能会遇到的危险是什么？是否可以规避这些危险？

如何采取最有利的和最好的搜救方法使更多的人受益？

可用的救援人力资源与物资保障有哪些？是否够用？

3. 行动原则

最短的时间内营救更多的人；首先，营救受伤但还能够自己走动的伤者；其次，小心营救被困的幸存者；最后，时刻保障救援人员的安全。

（二）行动程序

基层搜索营救行动全过程有8个步骤（见图6-2），每个步骤都不能省略。

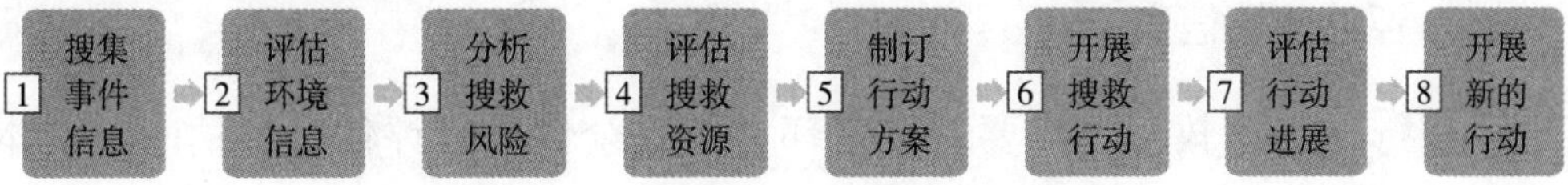

图6-2　基层搜索营救行动程序示意

1. 搜集事件信息

准确的灾情信息是有效开展基层搜索营救行动的前提。灾情信息包括以下5类。

（1）事件发生时间信息

如果灾害事故发生在晚上 / 夜间，人们大多在家中，因此重点搜索和救援地点应是住宅区。相反，如果灾害发生在白天，人们大多在工作与学习，工作场所、学校等公共区的救援需求会更大。在一天的不同时刻，搜索营救行动的条件也不同。

（2）建筑类型与环境地形信息

一些建筑结构相较于其他结构更容易被损毁，应作为搜救工作的重点对象。建筑所处的地形地势也会影响搜索行动的开展方式。

（3）人员分布信息

建筑物结构与内部用途示意图可以指示潜在的受困者人数和其所处的位置。

（4）气象水文信息

恶劣的天气会对受困者和救援人员产生负面影响，妨碍救援工作的开展。开展搜索和救援时，需要留意是否有恶劣天气的预警信息、异常水文信息等，根据天气与水文状况调整搜救方案。

（5）危险源信息

在开展救援行动时，了解常态和非常态下存在哪些潜在的危险、有害因素十分重要。例如，怀疑煤气泄漏，则应尽快找到可能泄漏的煤气设备并关闭。

2. 评估环境信息

进行人员搜救时，需要对搜索环境的安全性进行评估。评估时，要本着“料敌从宽”的原则。例如，不能确定受损建筑是中度破坏还是重度破坏时，应将其视为重度破坏。需要注意的是，社区响应队的救援任务与建筑结构破坏程度直接相关。

（1）建筑物受损评估方法

对房屋或建筑进行评估需要从各个视角审慎观察排查，要采取“绕圈式”排查。评估房屋受损情况时，还要在考虑建筑物类型与建造时间等因素基础上评定其受破坏的等级。除了视觉评估，搜救人员还应该“听”损坏的结构，如果一个建筑发出“吱吱”的响声，这个建筑就不稳定，不应该进入。在开展较大范围评估时，应开展网格化分区搜索与评估。

（2）判断建筑物受损等级

建筑破坏程度可分为以下3个等级。

轻度破坏。建筑物表面或装饰遭到破坏，墙体表面有裂纹或破裂，屋内物品有轻微损坏。这种情况下的救援任务主要包括：被困人员定位、人员检伤分类、对受伤人员打通呼吸道或止血等，以及持续评估建筑物安全状况。

中度破坏。建筑物出现可见的损坏，装饰性物品遭到破坏或掉落，墙体裂缝或破裂较明显，内部物品损毁严重，但是房基未损。这种情况下的救援任务，除了轻度破坏时的任务，还要包括人员疏散转移、警示他人勿进入被破坏的建筑物、尽量缩短救援人员滞留在建筑物内的时间和人员数量。

严重破坏。建筑部分或全部倒塌，建筑物倾斜，建筑结构不稳定，房基遭到破坏，室内有重度的烟雾或火情，室内有有害物质，发生气体泄漏，有水上升或流动，等等。这种情况下的救援任务，除了轻度、中度破坏时的任务，还要采取措施确保建筑周边安全，并警告其他人员不得进入建筑内。基层应急响应人员在任何情况下都不应进入重度损毁的建筑内。

（3）信息共享

现场搜救评估人员必须及时向上级应急指挥部报告其评估结果。

3. 分析搜救风险

由于基层搜救队员要在距离危险较近的环境下开展搜救工作，他们必须及时识别可能发生的危险或变化。因此，基层响应人员要能够识别潜在的、威胁生命的危险。这一过程中，要着重关注3个方面。

（1）当前的安全稳定情况如何

一个建筑即使从外面看起来只有轻微或中度破坏，但非结构性破坏和内部不稳定的结构也可能给救援队员带来危险。基层响应队队员应该根据已知的结构损毁信息进行分析：屋内是否储存了化学品、油漆或其他潜在的危险物质？如何存储？储存在哪里？基层响应队队员询问这些问题不会花费太多时间，但其结果对如何开展搜索行动具有巨大的影响。

（2）哪些不利的情况会发生

根据评估中第1步和第2步收集到的信息，基层响应队队员应该花一些时间全面考察可能发生的危险，努力发现他们可能面临的其他风险。例如，在搜索过程中电力可能被切断，或者一堵墙出现位移或坍塌。

（3）搜索和营救意味着什么

根据确定的任务行动优先顺序，基层响应队队员应考虑如何采取措施减少已知的风险。现场安全员必须观察任何可能造成坍塌的变化情况，并建议救援队员在搜索行动开展前先对受损建筑物进行加固。

无论何时，基层响应队队员必须记住他们自身的安全是始终排在第一位的。

4. 评估搜救资源

评估是一个循序渐进的过程，每一步骤都建立在前一步骤基础之上，搜救人员应在前述步骤的基础上，进一步评估他们自身的处境。

（1）明确所需资源

面对搜救任务与风险，开展安全的搜救行动需要哪些人力、物力、财力等各方资源。

（2）明确所能提供的资源

人员：有多少基层响应队队员能够参与行动？有谁在本辖区居住或工作？这些人什么时间可以参与行动？他们各有什么技能？这些技能在搜索和救援时是否能够用到？如何最有效地调动他们的工作积极性？此外，除了已经登记的基层第一响应队成员，基层还应根据受灾情况带领具有一技之长的其他人员参与救援。

装备：哪些储存在当地的装备适用于开展搜索和救援任务？这些装备放在哪里？如何分配这些装备？这些装备对于哪种建筑（或结构类型）可能是最有效的？

工具：什么样的工具对顶撑、移动或切割建筑杂物和瓦砾有帮助？

（3）明确资源缺口

根据上面的分析，确定资源缺口。

5. 制订行动方案

基层响应队搜救的优先事项依次是搜救人员的安全、幸存者和其他人员的生命安全、保护环境、保护财产。其中最主要的目标是在保证搜救安全的基础上，在最短的时间内营救更多的幸存者。为实现上述目标，基层响应队要制订行动方案，决定在哪里部署力量。

6. 开展搜救行动

这一步就是根据上一步制订的行动方案开展搜救行动。在这一阶段，要在确保搜救安全的基础上，发挥搜救队员的最大主观能动性，实现工作目标。

7. 评估行动进展

在搜救过程中，要持续评估搜救行动计划的安全性、可行性，将获得的评估结果反馈到后续决策中，不断优化行动计划。

8. 开展新的行动

基层搜救队伍要继续执行优化后的行动计划，直至实现计划目标。

（三）保障搜救人员安全

无论建筑受损程度如何，救援队员的安全都是首要关注的问题。为避免搜救队员因迷失方向或二次坍塌受到损害，所有搜索和营救行动必须遵循以下3点准则。

1. 与他人结伴完成行动

成功的搜救行动依靠的是团队合作。要警惕各种危险（电线带电、天然气泄漏、化学危险物质、尖锐的物品、头上方可能掉落的物品等），也不要试图在水位上升的区域开展搜救行动。

2. 使用安全装备

戴上手套和头盔以保护救援人员的手和头部。救援人员在倒塌的建筑中开展工作，最容易引发问题的就是吸入粉尘，因此防尘口罩是十分必要的。由于防尘口罩不能过滤化学品或生物制剂，基层响应队队员若怀疑现场有化学品或生物制剂，必须撤离到上风口，并通知专业人员前来救援。

3. 实行轮换制

轮换可以避免队员过度疲劳，并确保指挥部及时得知搜救队员的最新情况。轮换期间要保障搜救队员有足够的水和食物，确保其及时恢复体能。

五、转移安置

灾害事故即将发生或发生时，要根据现场情况或指挥部命令，把受灾群众转移到安全或相对安全的环境或避难场所，并为转移群众提供稳定、全面的生活救助。其中，特别要关注社区脆弱性人群，包括老人、儿童、孕妇、残障人士等特殊人群的转移安置。

转移安置工作包括确定灾民安置方式、选择安置点、安置点管理和后勤保障等工作。这些工作大多由上级政府决定安排，基层配合实施管理。

（一）紧急疏散

基层收到突发事件预警信息后，往往首要任务就是组织人群疏散，即按照应急预案的预警响应流程，有序组织受影响人群疏散并对其采取保护措施。

在地震、火灾、爆炸等突发性灾害事故中，大多无法提前组织疏散，基层应在平时多组织此类灾害事故的应急疏散演练。此类事件发生后，在场或第一时间赶到现场的基层应急救援队队员应按应急预案规定或规范做法引导人群紧急疏散。

紧急疏散的主要任务有以下5个方面。

1. 启用应急避难场所

基层应急指挥部应根据应急预案，或基层与应急避难场所所有权人（或管理单位）签署的协议，启用应急避难场所及设施设备。应急指挥部可派基层干部或基层应急志愿者队伍到现场确认，并按照预案的疏散路线，有序组织人员疏散。

2. 确保疏散路线畅通

基层应急指挥部可安排工作人员和志愿者救援队在第一时间排查疏散通道，确保既定通道畅通、安全。如有意外情况应视情况就地组织疏通通道，或启动备用方案，并组织志愿者在关键路口负责人群引导。

3. 有针对性提前疏散

通常要优先疏散脆弱人群，或提前组织疏散。例如，在橙色预警（严重，Ⅱ级）信息发布后，普通人群不需要疏散转移时（假设其需要在红色预警时才疏散），脆弱人群则可以疏散。

4. 疏散人群统计与自查

基层应急人员应在人群疏散完成后，在应急避难场所组织疏散人群统计与自查；在确保安全且人手足够的情况下，还可以划片区对疏散区分组搜索，确保无人滞留原地。统计结果要上报指挥部。

5. 关注特殊人群需求

疏散过程中，要特别关注脆弱人群是否有专人或志愿者负责协助，外来务工人员及外来旅客等是否有专人或志愿者负责指挥协助，确保这些人群都能按正确路线及时转移至应急避难场所。

（二）临时安置

当房屋遭到灾害事故破坏或威胁不能继续入住时，基层需要协助受灾居民解决临时居住的问题。

通常，对于受灾范围较小的一般突发事件，可建议其投亲靠友，或者在地方经济条件允许的情况下安排其住宾馆。对于较大、重大、特别重大的突发事件，可能需要启用专门应急避难场所对受灾人员进行临时安置。应急避难场所的启用及管理工作包括以下6个方面。

1. 启用应急避难场所

应急避难场所启用后，要迅速安排专人负责安全检查。对遭到破坏的设施设备要及时组织维修，并将情况上报指挥部。

2. 实行分区管理

根据应急预案，对应急避难场所划区域管理，合理划分管理办公区、人员安置区、医疗区、物资储藏区、垃圾处置区等，并启用管理团队（通常包括生活服务组、医疗服务组、群众工作组、舆论宣传组、治安维稳组、社会组织协调组等）分工管理。

3. 进行人员登记

对进入应急避难场所的受灾人员应逐一登记，对残障人士、境外人员等特殊人士要单独登记。对登记在册的人员可采用安置卡管理的方式进行管理，稀缺应急物资凭卡分配，并优先分配给脆弱人员或更有需求的人员。受灾人员在离开应急避难场所时应交回安置卡。

4. 保障生活服务

应急避难场所一旦启用，基层政府要提供一系列生活服务保障，包括提供食物及生活必需品、医疗服务、通信服务、宠物安置、车辆管理、治安防范、卫生防疫、信息发布及舆论引导等。力所能及地为儿童、老人等特殊群体提供专门服务。

5. 记录信息

应急避难场所管理过程中的物资信息、服务信息、志愿者信息、避难人员信息，以及每天的日常管理情况等，均应有专人负责，及时记录并整理，将关键信息上报指挥部，并妥善保管所有信息的记录资料。

6. 结束应急与恢复

当应急避难场所因安全问题不适宜继续安置居民，或受灾群众转入异地安置、零散安置，或响应状态解除，应急避难场所将结束安置功能，撤离所有安置人员并启动恢复程序。如果是安全性转移，应提前告知关闭时间、撤离准备及注意事项等。恢复程序包括场地清理、隐患检查、物资设备归还、设施器材检修 / 归位等。如果应急避难场所及设施设备在启用过程中发生损毁，应及时上报相关机构。

六、应急沟通

基层应急沟通是指以维护公众利益为宗旨，利用各种沟通方式，把灾情与救灾相关信息及时传递给受灾群众，建立并维护群众对政府和基层组织的信任，消除误会和谣传，进而更好地协同开展灾害事故应对工作。

（一）面向基层群众

对受灾群众的直接沟通应充分考虑其信息需求与心理需求。

在应急避难场所、应急物资仓储 / 发放点等场地，开辟临时信息公开栏，及时发布灾害事故应对的管理措施、志愿者需求、资源需求、资源分配 / 领取方式、社会力量服务信息等。

设置居民需求 / 建议意见的收集箱 / 在线反馈渠道，接受群众信息反馈并由工作人员或志愿者负责定期整理归类、进行反馈。

对社区内没有受灾的居民，基层组织也有必要定期通过正式渠道（公告栏、公众号、自有网站等）披露事件发生的原因、后果、处置方式与结果等，避免小道消息 / 谣言肆意传播。

基层应急响应过程中的人员投入、物资耗损、应急资源分配、安置与重建政策等涉及群众切身利益的事项也须通过正式渠道披露或发布。必要时，安排专人为有需要的群众解疑释惑，或者安排人员与行动不便或接收信息不便的人员专门沟通。

基层应急指挥部及志愿者队伍都应按照官方信息发布的要求规范发布信息，不得私自传播 / 扩散未经核实的信息，注意保护相关人员的隐私。

如有不实信息在群众间传播，基层组织应及时澄清，必要时应公开辟谣。

（二）面向媒体

基层组织可按应急预案规定设立新闻发言人（通常由基层组织负责人或应急救援队负责人担任）。所有面向媒体的沟通工作均应由新闻发言人承担或牵头，其他人未得到授权时不得擅自发布消息或接受采访。

若上级部门引荐的记者采访，基层应征询上级部门的媒体沟通意见，提前准备相关数据与事实资料，积极予以配合。

如记者询问的是社区网站上的公开信息、已经正式发布的信息或大家都知道的信息，基层新闻发言人可给予肯定的答复；如果涉及不能回答或未被授权回答的信息，可告诉对方能够给予答复的上级部门发言人的联系方法。

在接受记者采访后，要记录记者的联系方式，将回答的问题与为其提供的信息留下备份资料（可采用录音），尽量在新闻报道发稿前预约审核稿件信息。

如遇到媒体沟通方面的困难情况与问题，应及时上报上级指挥机构，交由上级处理，或按照上级的指导处理。

七、应急物资保障

应急物资是指为有效应对自然灾害和事故灾难等突发事件，所必需的抢险救援物资和生活救助物资。抢险救援物资又可分为救援通用物资和防汛抗旱类、防灭火类、安全生产事故类专用物资等，主要用于灾害事故应急处置和抢险救援力量保障。生活救助物资主要用于受灾人员衣、食、住、行、医等基本生活保障，如个人安全防护用具、车辆、水和食物等。

应急物资的调运和分发在相当程度上决定了处置工作的成效。这两部分物资的划分是相对的，可能会有重合。高效的应急物资保障需要专人做好调配、发放和归位工作。一般来说，基层应急指挥长可以授权一个物资保障团队负责管理该项工作。

（一）启用与接收管理

1. 自有物资

按照有关要求，基层在平时应为常见灾害事故储备应急物资。突发事件发生后，基层应根据预案启动自有备灾物资、装备设备等，并按物资管理制度由专人负责动态管理。

2. 辖区内可调用资源

在突发事件等级达到应急预案预设的程度，或有需要的情况下，辖区还可以根据应急预案及相关协议，启用辖区内指定商家或企业的备用物资资源（包括有协议的交通运输工具）。

3. 外部援助物资

在突发事件的破坏程度超出基层独立应对能力的情况下，要及时向上级部门发出求助信息。基层应急指挥部应指派人员统计应急物资的需求信息，包括需求物资的规格、数量、质量标准、时间紧迫性等，及时向上级部门汇报，争取外部援助。

4. 更新评估应急物资的需求

随着应急处置的逐步推进和各种资源的启用，应急物资的需求也要同步更新。如果应急物资的需求已经得到满足或得到确切的供给承诺，则应及时反馈信息，以免造成资源浪费。

（二）大灾下的应急物资管理

在大灾情况下，基层通常会接收大量来自外界的物资援助。短期内应急物资的接收与管理工作量可能远超社区应急志愿者救援队的负荷，需要紧急调配更多人员（包括应急志愿者）参与，并有序组织相关工作。

1. 物资集散与物流协管

必要情况下启用基层临时物资集散点，指派专人负责疏导仓库道路、停车场，在必要的路口安排人员协管交通。

2. 清点统计

指定专人负责应急物资数量的清点与统计。统计信息应尽可能详细，包括物资规格、数量、品牌、捐赠方信息及捐赠反馈需求等。可以拍照、摄像等方式辅助记录应急物资信息并及时整理建档。

3. 出入库管理

对应急物资进行分类入库管理；必要时对物资储存仓库进口与出口分别管理，由不同人员负责物资的入库和出库工作；对于急需物资，可尽量简化出入库手续。

4. 仓库看守

对临时设置的应急物资储备点，要有专人负责看守，随时检查物资储存情况，避免物资受潮、霉变，注意防火、防盗。

5. 人员管理

应急物资接收、发放与管理工作对工作人员体力消耗大，要适时安排人员轮流休息，也需要详细记录其出勤情况及服务情况。

（三）分配与使用

应遵循按需分配，公平、公开、公正，适当照顾弱势群体等原则，做好应急物资的分配与使用工作。

确保满足受灾群众最低生存需要的物资供应量。按户均分是最常见也普遍被接受的物资分配方式，但应充分考量家庭人口数量、脆弱人群家庭、受灾程度及发生灾害事故时是否在当地等情况，尽量按需求对应急物资进行公平分配。在分配不同渠道 / 捐赠方的物资时，尽量做到统筹分配。

优先为孤儿、孤老、孤残人员及其他需要帮助的特殊人员提供应急物资。在物资有限的情况下，应公开优先分配物资的标准与实施细则，保证对弱势群体定向援助。

对物资分配现场要有序管理。可按照食品与粮食、饮用水、生活物资、住宿设施、医疗物资等分类方式分别管理应急物资，避免发生哄抢、重复领取等现象。必要时可通过发放物资券等方式提高物资分配效能。

妥善做好物资分配签收管理。签收单也应该标注清楚签收物资的种类、品牌、规格、数量等；物资签收通常需要按户签收，部分针对特殊人群的物资需要本人或监护人签收；如代为签收的，应补充来自本人的签收；用于公共应急行动的物资由使用方的责任人负责签收。

对分配与使用的应急物资要及时进行定期统计（一般按天统计），定期公示。

典型案例 乡镇级应急响应及救援经验

（一）四川龙门：芦山地震震中地区的应急响应

2013年，四川雅安芦山发生“4·20”7.0级强烈地震。龙门乡作为地震震中地区，一方面，受灾最重，救灾任务也是各乡镇中最重的；另一方面，驰援的外部机构和人员最多、最受各界瞩目。该镇党委和政府在工作任务繁重、挑战性极大的情况下，高效开展了应急处置救援工作。

1. 乡情与灾情

四川省雅安市芦山县龙门乡位于芦山县境南部，距县城13.5千米。全乡面积54平方千米，下设6个行政村，人口0.7万人。农业主产水稻、小麦、玉米，兼产花生、花椒、梨；乡镇企业有石材加工、木材加工、食品加工、造纸、砖瓦等厂家。境内有建于元代的省级文物重点保护单位青龙寺。龙门乡位于龙门山断裂带的最南端。

龙门乡处于“4·20”芦山地震的震中，损失严重：全乡因灾死亡27人、受伤936人（重伤53人）；农房100%受灾，近60%需要重建；由于全乡住房均成危房，村民亟须全部转移。地震造成油菜、蔬菜等多种待收作物减产；家禽大量砸死、逃窜，养殖业损失严重。地震引起山体滑坡等多种灾害并发，地质灾害点剧增。道路阻断，公路受损，水、电、通信等系统全部瘫痪，给群众生活带来极大不便和损失。乡机关、村组、农村信用社、学校等公共机关办公场所严重受损，不能使用。元代建筑青龙寺大殿、国家AA级旅游景区龙门溶洞等旅游景点严重受损。

2. 重点响应阶段

（1）启动应急响应

2013年4月20日8时02分，地震初发，通信中断。龙门乡陈乡长回忆道：“当时地震发生时我在雅安。和所有干部一样，都是互相打不通电话。

第一时间就与我们书记联系，但是联系不上，边走边打电话，打了很久还是没能联系上。”

龙门乡党委、政府48名乡干部，在通信中断无法联系的情况下，骑摩托、走路、打车，在较短的时间内全部赶到了乡政府。

10时左右，龙门乡成立了临时抗震救灾指挥部，乡党委书记杨继康任指挥长。接着，按照平时乡干部班子成员的分工迅速开展工作——分管农业的干部查看所辖区的农业是否有损毁及严重程度，管卫生的组织卫生救援工作，管教育的了解学校的受损程度。

（2）紧急组织抢险

各个乡干部一方面按照自己的工作方向弄清楚辖区伤亡人数和救援需求；另一方面按平时各自所负责的工作，到各村各组组织群众自救。同时，一些老党员、老积极分子，以及各村各组的党员，自发组织村民自救。

中午，在各村组开展工作的乡政府干部大都骑摩托车赶到抗震救灾指挥部汇报伤亡情况。当时，初步灾情统计：龙门乡死亡人数为25人、重伤53人、轻伤235人。经目测，80%以上的房屋处于倒塌和半倒塌的状态。各村水、电系统全部瘫痪，群众吃水不能自给，没有供电保障，开展自救工作较为困难。床铺、棉被、帐篷、发电机及油料等物资比较紧缺。由此，龙门乡领导班子判断，自我救护力量不足，根本无法展开深层救援工作，必须依靠外援。

（3）紧急分派外部力量

地震发生之后，雅安多方面救援力量，包括消防部队、武警部队等车辆都开始往龙门乡方向赶。当然，交通也很快不畅了。

10时起，雅安本市的公安、消防，雅安就近的解放军部队陆续来到龙门乡。乡抗震救灾指挥部将首批外部救援力量分派到6个村、42个村民小组，由乡上指派的联系人落实其参加抗震救灾的具体工作。

一支民间机械工程队也在当天来到了龙门乡。指挥部安排其负责排除交通要道的滑坡危险。

3. 全面响应阶段

（1）协调外部救援力量

这一阶段，大量外来救援力量涌入龙门乡。乡指挥部将其分派到不同村组，由村支部书记统筹安排工作，共同开展抗震救灾工作。

值得提及的是，除了解放军救援部队早期作为突击队力量部署到龙门乡，有着丰富救援经验的汶川抗震救灾救援队也在20日当天来到了龙门乡。4月21日7时，龙门乡抗震救灾指挥部将汶川抗震救灾救援队分成5个分队执行任务：第一分队，汶川雁门民兵在龙门乡抗震救灾指挥部执勤，负责维持秩序，协调进出车辆；第二分队，汶川水磨民兵前往龙门乡红星村进村入户，实地调查灾情，帮助当地群众抢救物资；第三分队，绵虒、克枯、草坡民兵参加古城村的抢险救灾工作；第四分队，映秀民兵帮助当地指挥部搭建临时过渡帐篷；第五分队，汶川县人民医院医疗分队负责在医疗点进行伤员的救助。

此外，抗震救灾联合指挥部还组织安排进入灾区的专家和其他专业救援队伍，根据其工作性质与内容到相应地区开展工作。比如，国土灾害专家到高危地质灾害点勘察，专业机械队到危房现场与道路阻塞点工作等。

（2）救治和转移伤员

为了尽速救助伤员，龙门乡成立了移动医院。乡卫生院和外来医疗队深入灾区群众。此外，在公路沿线还驻扎了许多医疗队，以便在公路沿线救治伤员。

地震当天，原成都军区空军就开始安排直升机飞往龙门乡，将伤员送往成都。地震发生第二天，打通飞仙关的道路后，受重伤的灾民被分期分批送到成都各大医院进行治疗。在伤员转移救治方面，解放军的空中支援、交通部门的交通疏导发挥了重要作用。

（3）开展卫生防疫工作

地震发生初期，由于自来水系统全部瘫痪，消防车一天只能送一次水，瓶装水供应不足，不少群众直接使用未经消毒处理的沟渠水。另外，集中安置点无生活垃圾收集设施。这些情况使卫生防疫形势十分严峻。

有鉴于此，4月21日5时，芦山地震卫生应急指挥部安排绵阳防疫组包干负责龙门乡震后卫生防疫工作。绵阳市疾控和卫生执法人员于7时30分奔赴龙门乡，与来自绵阳第三人民医院、盐亭县人民医院的工作人员会合，共同组建了绵阳卫生防疫组并立即开展工作。

4. 深度响应阶段

（1）军地有效协作

4月23日晚，龙门乡抗震救灾指挥部召开会议。会上，乡长陈钢正式宣布支援各村的部队分派，要求各村负责人与部队做好衔接，共同开展抗震救灾工作。

（2）继续进行搜救

灾后72小时，龙门乡的废墟中已经找不到需要施救的灾民。但根据上级指示，为防范万一，各方救援力量仍然继续带着救援设备设施挨家挨户排查，持续达一周时间。

（3）规范物资接收和发放

为了规范救灾物资的接受和发放，乡党委书记杨继康要求乡、村、组进一步完善救灾物资接收发放台账，三级台账务必做到内容统一，记录准确，及时公开。

（4）维护社会秩序

在抗震救灾这一过程中，龙门乡将维稳工作放在重中之重的位置。通过整合武装部、驻扎在各村各组的民兵和辖区的派出所3支力量，加强安置点的巡逻、值班（包括夜间巡逻），保障社会秩序的稳定。

为了维护震后社会的稳定，4月24日21时，在龙门乡抗震救灾指挥部会议上，指挥部对于维护社会秩序做出安排。乡党委副书记、乡长陈钢要求各乡村组干部要尽职尽责，随时提高警惕，严厉打击破坏抗震救灾和军民情谊的行为。

（5）防控心理疾病

5月1日，受中共中央统战部委托，由7名知名心理学专家（心理咨询师）组成团队深入龙门乡，对部分村组、部分集中安置点的群众进行了走访，对当前灾区群众存在的心理问题进行调研，并开展心理疏导。针对当前乡镇干部超负荷工作、心理压力较大的问题，心理专家对他们进行了心理辅导。此外，绵阳第三人民医院的一些专家对疑似精神病人也进行了心理帮助。

（6）努力开展沟通

由于龙门乡为此次地震的震中，地震发生后大量的媒体涌入龙门乡，及时发布灾情信息和防灾信息，对民众及时了解灾区情况发挥了积极作用。

在沟通方面，龙门乡遇到不少困扰。有些困扰来自媒体——个别媒体记者，往往从负面角度进行报道；有些困扰来自受灾群众——需要不断向其解释救灾物资的发放情况和难题。对此，龙门乡抗震救灾指挥部定期或不定期召开会议，在准确掌握抗震救灾工作的总体动态与细节信息基础上，不断调整面对群众与媒体的沟通方式及内容。

（7）防止次生灾害

4月26日23时，龙门乡抗震救灾指挥部每日工作例会上，乡党委书记杨继康指出，近期工作重点之一就是次生灾害防治。龙门乡认真按照上级部门的要求，与县督察组一起，加大对全乡新增地质灾害点的巡查力度，确保“一个警示牌、一张明白卡、一个口哨、一次应急演练、一条撤离路线”“五个一”落实到位。

此外，为了确保群众不受次生灾害的伤害，龙门乡开始清理公路沿线、河道附近违规搭建帐篷的分散户，清理危房，帮助相关群众转移到安全地带。4月29日，各驻村部队、驻村和村组干部组成工作组，对公路沿线的危房进行拆除。截至4月30日，龙门乡各村共出动机具20台，拆除公路沿线危房70户，建筑面积达1.5万平方米。

（二）北京门头沟："7·30"暴雨灾害救援经验

北京市门头沟区王平镇安家庄村，位于北京西部山区、太行山余脉，永定河与沿河铁路线在村南穿行而过，常住人口仅100多户，且多是老人和孩子。村子东南方是安家庄火车站。2023年7月30日，一场特大暴雨将Z180次列车围困在此，近千名旅客和乘务人员滞留。

1. 突如其来的救援任务

在暴雨影响下，7月31日，门头沟区王平镇安家庄村的自来水、下水管道、电网被冲毁，交通、通信中断，基础设施遭到破坏，尤其是村东头受灾严重，积水最深的地方达到2米，许多院墙塌了、房子摇摇欲坠。有关人员把村东头受灾的10余名居民紧急转移，很快村里的通信也中断了。

与此同时，在距村子2.4千米外的安家庄火车站，Z180次列车停轮了27个小时。上午10时许，为了躲避有可能发生的塌方和泥石流危险，列车上的913名旅客和35名乘务人员要全体转移到安家庄村。

村委会立刻动员各方：要不惜一切代价妥善安置旅客。村委礼堂、学校、村委会安置了大部分的青壮年旅客，老人和孩子则被安置在村民家中。村里简易的木房、还没安装门窗的砖房也被征用。

2. 全方位的安置保障

生活保障方面，村民极尽所能，只要家里有的，都拿出来招待旅客。被安排在礼堂、学校、村委会的滞留旅客，则由村里想办法筹集物资。村里还打开了小卖部的库房，在被淹的货物中挑出了满满一车食品，还有拖鞋、卫生纸、卫生巾等生活用品，全部无偿发给旅客应急。上级政府随后也组织了向村子空投食品、卫星电话等物资。

物资发放完毕，消防救援队和解放军也进入了村子，旅客在救援人员的组织下分批撤离。

第七章　基层事后恢复与重建

《中华人民共和国突发事件应对法》规定，当突发事件的威胁和危害基本得到控制和消除后，应及时组织开展事后恢复和重建工作，以减轻突发事件造成的损失和影响，尽快恢复生产、生活、工作和社会秩序，妥善解决处置突发事件过程中引发的矛盾和纠纷。因此，恢复与重建也是突发事件全过程应急管理中的一个重要环节，有效推进恢复与重建工作是基层应急管理的一项重要工作。

一、概述

恢复重建作为突发事件应急处置之后的一个“事后”环节，其主要工作可分为恢复、重建、调查评估3个大的环节。在实践中，恢复与重建也往往合在一起作为一类工作。

（一）恢复

恢复主要是使遭受突发事件破坏的设施与受影响的个人和组织回到突发事件发生前的状态。因此，突发事件的恢复是指，在应急处置结束后，应对主体为恢复正常的社会秩序和运行状态所采取的一切措施的总和。它大多开始于突发事件的处置，结束于正常状态的回归。因此，事后恢复往往也是突发事件应急处置工作的一个组成部分。有的恢复是有计划的，有的由于时间紧迫是临时性的行为；尤其是最初时期的恢复，往往没有足够的时间制订详尽的计划。

（二）重建

重建，简而言之是事后的再次建设。由于各类突发事件的性质不同，存在有的突发事件“有恢复无重建”的现象。影响不大的自然灾害与事故灾难，以及大多数公共卫生事件与社会安全事件往往强调恢复，而不是重建。一般来说，重建是在较大的、非常显著的或者毁灭性破坏的突发事件发生后才发生的。重建通常是在全面规划之后全方位开展的经济与社会体系的重新建设。重建是一个系统工程，既包括物质层面，又包括社会层面和心理精神层面。

（三）调查评估

调查评估是指为了增强应急管理能力、了解突发事件发生原因和损失情况、借鉴突发事件应急处置和救援中的经验教训及其他目的，而按照一定的流程、依据一定的指标体系并遵循相关法律法规，进行数据收集、信息获取及情况调查等活动，进而根据相关要求对应急能力、突发事件性质和责任认定、突发事件处置的经验教训及其他需要评估的问题给出明确结论。

二、救助补偿工作

《中华人民共和国突发事件应对法》规定：受突发事件影响地区的人民政府应当根据本地区遭受损失的情况，制订救助、补偿、抚慰、抚恤、安置等善后工作计划并组织实施。基层是落实救助与补偿工作的“最后一公里”，需要系统把握救助补偿的政策要求与工作要求。

（一）救助

救助主要是指，对在突发事件中致病致伤人员给予的医疗、物质等方面的帮助。对因各类突发事件遭受人身或财物损害的公民进行社会救助，是政府应尽的法律责任。单位和个人可以通过救助捐赠、志愿活动等形式参与善后救助工作。社会力量通过捐款、捐物及参与“三孤人员”安置等工作，在政府善后救助过程中发挥补充性、辅助性的作用。救灾捐赠救助适用范围主要包括：解决生活困难、转移和安置灾民、倒损房屋重建及与救灾有关的用途和管理开支。

我国已经建立起一整套指导、规范各类突发事件善后救助的法律法规体系。《中华人民共和国突发事件应对法》规定了各级人民政府应急善后救助的基本主体、职责和基本内容，规定国务院负责出台扶持优惠政策，受影响地区的人民政府实施救助、抚恤。履行统一领导职责或者组织处置突发事件的人民政府向受到危害的人员提供避难场所和生活必需品，实施医疗救护和卫生防疫等保障措施。受影响地区的重建费用，由上一级人民政府提供资金、物资和技术支持，必要时组织其他地区提供支援。《自然灾害救助条例》从救助主体、准备、实施、救助款物管理、法律责任等角度规范了灾后救助过程。

善后救助的标准主要是由国务院各部门、各级地方政府根据应急财政资金安排总额及救助需求来决定的。中央救灾资金主要用于安排灾民基本生活经费发生困难时给予的专项补助，适用范围包括：新灾救济金，如灾民紧急抢救、转移安置费用、生活困难补助、房屋倒塌恢复重建和修缮补助；春荒、冬令灾民生活救济资金，如灾民口粮、衣被和治病救济；采购和管理救灾储备物资资金。对于人员伤亡的救助，自然灾害导致的人员伤亡，各级财政按照规定承担医疗救治费用或者给予补助；安全生产事故造成的人员伤亡，由责任单位承担医疗费用；社会安全事件造成人员伤亡的，各级财政对医疗救治费用给予补助。

在灾害多发易发、防范因灾返贫任务艰巨地区，要适当提高对脱贫户、监测户等特殊困难群体的补助标准，形成受灾群众救助和灾后恢复重建工作的支持合力。加强对因灾致贫风险人员的监测管理，对符合条件的要及时实施临时救助，切实防止因灾致贫返贫，确保受灾群众基本生活不受影响。发挥灾害民生保险、住房保险等的作用，做好保险理赔，提高对受灾群众的帮扶救助水平。

（二）补偿

应急财产征用补偿主要是对被征用应急的财产造成的损耗，以及被征用期间对财产所有者（个人或组织）造成的经济损失给予的一定补偿。补偿主要有两种情况，一种是对财产征用的补偿，另一种是对依法采取的应急处置措施造成损害的补偿。政府要依照国家有关规定，对应急处置工作中征用的劳务和物资、装备给予补偿，并在使用完毕或者突发事件应急处置工作结束后及时返还征用的物资和装备。征用的物资和装备在应急处置过程中损毁或灭失的，政府应负责修复或依法予以补偿。所需救济经费由政府财政安排，必要时申请上级财政给予支持。此外，行政机关采取应急处置措施致使公民、法人或者其他组织的合法权益受到损害的，应当依法及时予以补偿。没有明确法律规定的，通常应当按被征用财产等价或者毁损实际价值补偿。

（三）多元主体参与救助补偿

政府在救助补偿方面起主导作用，但一个有效和充分的救助补偿机制需要多元主体参与。一要发挥社会组织的作用——社会组织行动迅速，能够筹集资金和物资，还能够深入一线参与对灾区民众的救助，对保障灾民生活、稳定灾民情绪和保持社会稳定发挥了积极作用。二要发挥企业的作用——很多企业积极参与巨灾救助，履行了应有的社会责任，是救助补偿不可或缺的主体。三要发挥市场和金融机构的作用——金融机构通过出台一系列救助政策，如临时缓缴按揭贷款、减少贷款利息、延长贷款时限等，可以减轻民众和政府的负担，在补偿方面发挥着重要作用。

三、危机心理干预

（一）对象

灾后心理危机干预的对象是灾难事件的心理受害人。灾后心理危机不但危害程度大，而且波及范围广、持续时间长。可以说，每一个见证灾难的人都会受到影响。灾后心理干预的对象以灾难幸存者及其亲友、搜救者、照顾者和目击者为重点人群。此外，那些间接接触灾难的普通民众也会有哀伤、悲痛、焦虑、愤怒等情绪体验，这些心理反应和体验会持续数天、数月或更长，还可能造成长期的心理影响和深层的信念波动，这也是灾后心理干预不容忽视的方面。

灾后心理危机干预的对象大致分为以下5类：①直接受害者或者死难者家属；②灾难现场目击者或者幸存者（这类是高危人群，带来创伤的事件会使人产生愤怒、抑郁、嗜酒、胸痛、头痛等症状，部分人可能发生长期严重的心理障碍）；③从事救援或搜寻的工作人员、帮助重建或者康复工作的人员或者志愿者；④其他人员，如居民、记者、受害者或死难者的亲朋好友等；⑤通过媒体间接了解突发事件的心理脆弱人群。

（二）基本方法

1. 灾后心理危机干预筛查

要对所有与灾害有关的人员进行筛查，优先对灾害的幸存者进行创伤后应激障碍筛查（见表7–1），尤其是躯体伤害者或者儿童、老年人。

表 7-1 创伤后应激障碍筛查主要内容 *

序号	筛查具体问题
1	是否回避去某些地方、见某些人或参加某些活动，以免回想起创伤的经历？
2	是否对曾经重要的或感兴趣的活动失去兴趣？
3	是否感到与其他人在情感上有距离或者感到孤独？
4	是否很难感到被爱或对别人表示爱？
5	是否感到根本没兴趣对未来做计划？
6	是否比往常更难入睡或保持熟睡？
7	是否变得特别敏感，或者易于因周围寻常的声音或动作而惊吓？

* 如果以上问题中的4条或者4条以上回答“是”，即可能患有创伤后应激障碍。

2. 灾后心理危机干预方法

（1）早期救助

切断应激源、尽快脱离现场、不要过多目击现场、不要过多询问受害人经历、提供物质帮助和安全的场所等。

（2）沟通和建立良好关系

建立和保持双方良好的沟通和相互信任，保持心理稳定，改善人际关系。

（3）提供必要的心理支持

应用倾听、解释、暗示、鼓励、保证、疏泄和改善环境等方法，必要时可酌情使用镇静药物或考虑短期住院治疗。

（4）建立社会支持系统

灾难发生后，受灾群众平时依赖的人际支持系统已不足以抵御灾害，此时来自政府和社会各界的救助就显得非常重要。

（5）认知干预

帮助心理危机者正确认识发生的事件，接受当前不利的处境，客观、现实地分析和判断危机事件的性质和后果，纠正其不合理思维，建立比较积极、重新获得安全感和信赖感的认知。

（6）提供积极的应对策略

针对存在的困难和问题，提出各种解决方法，选择积极的应对策略，学会心理防御及应对方式；教给其一些应对技巧，如自我放松、强制休息、强制娱乐等；为其提供疏泄机会，鼓励当事者将内心情感表达出来。

（7）合理药物治疗

在医生的指导下，合理选用抗焦虑、抗抑郁及抗精神病药物对症治疗。

（8）加强信息管理

在重大突发性事件面前，公众大多缺少理性分析和分辨能力，消除恐慌和传言最有效的方法就是信息公开，这可降低公众的焦虑或恐慌程度。面对突发事件，政府的权威信息传播得越早、越多、越准确，就越有利于维护社会稳定和缓解个体的不良情绪。

（三）注意事项

1.“不宜”

面对受灾并存在心理危机的患者，应该注意落实以下8个“不宜”。

（1）不宜过度干预情绪

每个人都有自己表达情绪的方式，所以不要对他们说“忘记吧，不要痛苦了”“坚强吧，伤痛会随着时间慢慢消失的”“都过去这么久了，是时候振作起来了”“你还是会想念他 / 她吗，怎么想”等话语。

（2）不宜强迫回忆

回忆只会令他们更加悲伤和痛苦，是再次的伤害。

（3）不宜表露怜悯

如果让对方觉得你是在怜悯和可怜他们，那只会令其更加难过，因为很多人在那时并不需要太多的同情。

（4）不宜欺骗

事实已经发生，不要因为害怕他们难过而对其隐瞒事实，比如亲人离去，最好告诉他们真实情况。

（5）不宜承诺做不到的事情

比如，告诉失去了母亲的孩子“我帮你找妈妈”或者“我一定一直陪着你”，这样的安慰只会加深他们的失望，所以，不要轻易向他们承诺没有把握的事情，避免再次伤害他们。

（6）不宜认为只有你才能帮到他们

每个人受到的创伤程度不同，并且各自的自我恢复能力也不同，干预者要做的是引导和疏导，而不是包揽全部的事情。

（7）不宜试图代替他们的亲人

那些失去了亲人的幸存者，难过属于其正常的情绪反应，所以不要说：“别难过了，我们大家都是你的亲人。”这样说其实是违背事实的，一方面对于他们而言，这个世界上根本没有人能够替代他们的亲人；另一方面他们也会感觉你并不能理解他们的心情，结果往往事与愿违。

（8）不宜刻意掩饰自己的情绪

在悲伤的人面前，并不是只有微笑才能传达关心和正能量，有时候“共情”也是一种很不错的方式。比如，面对痛哭的人，可以和他们一起落泪，能够真切地体会他们的情感的人才能走进他们的心里，成为分担者和正能量的传递者。

2.“可以”

与上述8个“不宜”相对的是5个“可以”。

（1）可以说

“我们看到了，你们很不容易，你们也很努力！”“如果想哭，就大声哭出来吧，再坚强的人也会哭。”应给予及时而必要的支持和安慰。

（2）可以伸出双臂

送给他们一个拥抱。拥抱之类的肢体接触有时候会比语言更有能量，握着他们的手，静静地看着他们并倾听他们的诉说。在日常的生活中，除了简单的询问，如“你饿吗？冷不冷？”“热吗？渴吗？”，肢体上的接触和陪伴会更加有效果。

（3）可以照顾幸存者与遇难者家属的生活

幸存者与遇难者家属在灾难发生后很容易出现情绪低潮，并伴有食欲不振、体力不支、失眠等症状，此时，需要有人帮助他们渡过难关，保证其正常的饮食起居，让他们重新获得生活的信心和心理上的安慰，为身体和心理的恢复打好基础。

（4）必要时可以带幸存者和遇难者家属远离受灾地区

虽然幸存者和遇难者家属的脑海中还是会偶尔浮现灾难发生时的片段，远离受灾现场有助于他们尽早地从悲痛中走出来。

（5）必要时还可以引导其接受心理治疗

灾后心理创伤比较严重的患者需要接受专业的心理治疗，在对其进行心理危机干预的过程中，要时刻留意幸存者和遇难者家属的症状变化，及时发现问题并进行治疗。

（四）特殊事件

1. 处理死亡事件

基层应急人员可能会面对的一项痛苦工作是处理去世的受害者。针对这种情况，妥善处理死难者需要：①覆盖遗体，尊重遗体，将遗体覆盖或包裹起来；②如果受害者在治疗场所死亡，将遗体转移到太平间；③遵守当地处理死者的规范和礼仪；④讨论决定进一步妥善处理的方案。

2. 通知逝者家人和朋友死讯

有些情况下，家人或者朋友可能并不知道他们所爱的人的死讯，当不得不告诉他们这一悲伤的消息时，应当注意：①把逝者的家庭成员和朋友带到一个安静、私密的场所；②如果可能的话，请他们坐下；③保持目光接触并运用平静温和的语气；④告诉其家人和朋友：“我很抱歉地告诉您，您的家人已经去世，我感到十分遗憾。”如果你知道的话，可以提及死者的名字或他们与幸存者的关系。

四、善后处置

当应急处置工作结束后，基层要协助相关部门开展善后处置工作，包括协助受灾企业和用户尽快恢复正常的生产生活、按照政府相关规定对受灾群众和商户进行补偿、给予伤亡人员救助与抚恤等。善后处置是灾害事故转危为安、开展后续灾后重建工作的基础性工作之一。

（一）恢复生产生活

必要的情况下，争取公共资源与社会力量的援助，组织开展灾后恢复重建的工作，包括：水、电、路、通信等基础设施恢复，建筑物重建，灾后隐患点工程治理，生态恢复，群众生计落实与脆弱群体帮扶等。

（二）恢复管理工作

1. 应急响应人员与志愿者的逐步退出

参与响应工作的人员与志愿者往往在应急状态解除后处于极端疲惫而又松懈的状态，反而容易出现不安全或影响健康的行为。基层组织应有序安排人员退出应急状态。

2. 应急物资 / 设施设备的清理

对个人防护装备、公共应急设施设备的检查、消杀、维修或报废处理；对应急避难场所、医疗点、指挥中心等场地的清理、检查、还原及修护。

3. 数据与信息的复核和统计

应急状态下的信息记录、数据统计往往不完整或不规范，在应急状态解除后，应尽快对所有数据和信息进行复核和统计，以作为财务结算和应急工作总结的重要依据之一。

4. 财务处置

应按照财务管理规范及时完成应急阶段的财务结算工作。尤其要审慎组织对应急状态下启用的辖区内社会资源的结算、脆弱群体的专项援助等涉及基层群众切身利益的事项的结算，及时完善财务资料，以供专项审计。

五、调查评估与整改

突发事件事后调查评估不仅可以发现应急管理中值得传承的经验，而且可以发现政府社会治理体系中存在的问题，尤其是应急管理工作中的不足。各级政府应抓住学习与整改机会，切实通过学习整改推进应急管理和社会治理能力提升。

（一）步骤

突发事件调查评估工作一般可分为以下3个步骤。

1. 调查

对突发事件发生的原因和相关处置的全部措施进行系统调查。一是针对突发事件本身的调查，以事件定性、责任认定等为目的；二是针对突发事件应急处置的调查，目的在于改进应急处置的各个环节。

2. 评估

对突发事件的原因和处置工作进行全面评估，包括对事件性质和级别的判定，对预警和先期处置的评估、处置决策与处置执行等各方面的评估。既要具体指出应急处置的成功之处，也要详尽地指出风险防范与应急处置工作中存在的问题。

3. 整改

根据突发事件发生原因与处置工作的评估结果，提出整改措施，并责成有关部门逐项落实。

（二）强化底线思维和风险意识

1. 提升政府部门的风险意识

突发事件结束后，基层应当总结经验教训，加强底线思维教育，强化其危机意识，使工作人员做好随时应对突发事件的思想和心理准备，在各项常态工作中充分考虑突发事件的风险。

2. 加强对公众风险意识的教育

社会整体的风险防范能力的提升有赖于人民群众风险意识和突发事件应对能力的持续提升。基层应以新近发生的突发事件为契机，加强应急科普宣教，加强自救互救技能培训，最大限度地推动全社会应对风险意识与能力的提升。

（三）完善应急准备的工作

要加强应急预案管理。一是在突发事件结束后，对应当编制而没有编制的应急预案及时组织编制；二是根据突发事件应对的效果分析评价对原有的应急预案及时修订完善。

要进一步做好人力、财力、物力资源的应急准备。针对突发事件应对中应急救援力量、应急物资储备、应急设施与应急避难场所、应急资金保障等方面暴露出的不足，及时进行整改。

（四）应急响应工作总结

应急响应总结的基础工作包括：文字资料、原始凭证、图片与影像资料等的搜集、整理、建档管理。撰写的应急工作总结报告要在辖区内公示并提交上级备案。

典型案例 河南"7·20"特大暴雨灾后恢复中的以工代赈

2021年，中国乡村发展基金会首次开展以工代赈灾后救助模式，支持686个村共6550万元，开展家园清理，探索了一条灾后恢复的群众有效参与的新路子。

2021年7月，河南洪涝灾害发生后，农房、田地、村庄沉积了大量淤泥，很多房屋、村庄道路、桥梁等基础设施被毁，大量村民从打工各地赶回家乡开展修复自救，没有了务工收入，面临因灾返贫的困境，中国乡村发展基金会针对这一情况紧急开展以工代赈家园清理项目，通过劳务补贴的方式支持全体受灾村民开展自救互助、清理家园、恢复生产，同时缓解灾后受灾群众生活压力。以工代赈家园清理项目共支持河南省624个村，每个村10万元，共6240万元。

针对2021年11月内蒙古通辽市持续的暴雪造成当地居民出行困难的情况，为尽快清理积雪、打通救援通道，中国乡村发展基金会联合腾讯公益慈善基金会发起以工代赈积雪清理项目，通过支持村委租赁清雪设备，动员全体村民开展自救互助、清理积雪；通过补助的方式，缓解受灾群众收入受损的境况。以工代赈积雪清理项目共支持通辽市62个村，每个村5万元，共310万元。其中，超过50%为受灾群众投工投劳补贴，约50%为清雪设备租赁费用。

下篇

应急准备

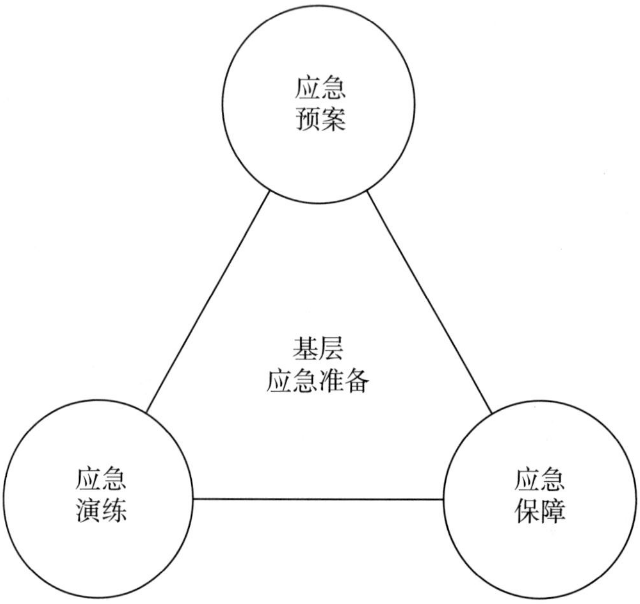
应急
预案
基层
应急准备
应急
演练
应急
保障

第八章　基层应急预案与预案管理

应急预案是突发事件应急准备的重要工作。习近平总书记指出，要加强应急预案管理，健全应急预案体系，落实各环节责任和措施。基层应急预案工作容易出现预案修编不规范、预案管理不规范等方面的问题，导致一些应急预案内容针对性、实用性和可操作性不强，没人会用、无人能用，成了“抽屉预案”。为此，必须准确认识应急预案的概念，了解应急预案管理过程，科学制定应急预案。

一、概述

（一）应急预案

应急预案是突发事件应对的行动方案，应当根据有关法律、法规的规定，针对突发事件的性质、特点和可能造成的社会危害，具体规定突发事件应急管理工作的组织指挥体系与职责，突发事件的预防与预警机制、处置程序、应急保障措施及事后恢复与重建措施等内容。

乡镇（街道）应急预案要重点规范乡镇（街道）层面应对行动，侧重明确突发事件的预警信息传播、组织先期处置和自救互救、信息收集报告、处置力量、现场管控、人员疏散与安置等内容，体现先期处置特点。乡镇（街道）可编制“1个综合 +N 个分灾种”预案。

村（社区）应急预案应当简洁实用，侧重明确主要风险、联防联控、预警响应、先期处置、转移避险、可调配的应急资源等内容，突出快速、灵活的先期处置特点。村（社区）可编制“一本通”预案，即1个村（社区）

只编制1本预案。

（二）应急预案管理

应急预案管理是应急预案的规划、制定、实施、修订等工作的全过程。应急预案管理遵循“统一规划、分类指导、分级负责、动态管理”原则。应急预案管理可分为启动、编制、审批、修订等环节。

应急预案管理的功能体现在：①推动完善应急机制。突发事件的应对工作涉及面广，往往需要多部门与多机构相互配合、协调联动。应急预案制定与实施过程有助于完善突发事件应对的机制性的安排。②推动应急人员准备。突发事件的偶发性使人们很难积累突发事件处置的直接经验。通过应急预案的修编和演练，有助于推动应急人员的思想与能力准备。③推动应急资源准备。突发事件的应对处置，往往需要调度和动用各种应急资源。应急预案的制定与演练有助于推动所需资源提前准备到位。

（三）应急预案管理责任

对未按照规定编制、修订应急预案的，或未按应急预案规定履行相关职责，导致突发事件处置不力或者危害扩大的，依据有关法律法规及规定，要追究相关单位和当事人责任。

二、基层应急预案管理

预案管理流程决定预案工作的质量。基层应急预案管理包含以下6个步骤。

（一）启动编制工作

基层组织可根据应对突发事件需要，制订本辖区应急预案编制计划，并制定编制工作的管理规则，明确任务分工和时间进度等。

应急预案编制部门和单位根据需要，组成应急预案编制工作小组，吸收相关部门和单位人员、有关专家及有应急处置工作经验的人员参加。编制工作小组组长由负责应急预案编制机构的有关负责人担任。

应急预案编制修订人员应熟悉本区域应急管理体系基本情况，了解相关突发事件特点和应对工作的基本要求，熟悉应急预案编制技术、程序和方法。

（二）编制前期工作

编制应急预案应在做好相应的组织、资料准备、风险评估、应急资源调查的基础上进行。

1. 应急预案编制的组织

应急预案的编制必须基于风险或灾情分析结果、参考应急资源能力需求与现状，以及有关法律法规要求。预案编制时还应充分收集和参阅已有的应急预案，包括上级部门的应急预案、有关方面的计划等，以最大限度地借鉴经验，并确保与其他相关应急预案协调一致。

在基层组织应急预案编制过程中，应根据法律、行政法规要求或实际需要，征求相关人员、法人或其他组织的意见，与相关的预案做好衔接。涉及其他单位职责的，应当书面征求相关单位意见。必要时，向社会公开征求意见。

2. 准备预案编写资料

（1）法律法规

国家层面、上级政府、主管部门颁布的法律法规和相关文件是预案编制的法律和政策依据。要根据该预案涉及的管辖范围和管理对象，收集用于指导应急准备和应急响应工作的法律法规和政策文件。一般来说，《中华人民共和国突发事件应对法》和国家总体应急预案、相关专项预案都是基层制定总体预案和专项预案的法律依据。

（2）相关预案

相关预案是指与待编写的预案有关联的上级部门预案、横向区域预案等。与这些预案较好地衔接，需要将它们收集过来作为参考。

（3）编写指导文件和模板

国家和有关政府部门颁布了各种预案编写的指导文件。原则上，基层可依据这些文件要求的格式和方法编写预案。

3. 风险评估

为准确把握预案的针对性，应急预案编制要明确风险所在。如果没有开展相关风险的评估工作，应首先对风险做出评估。

在对风险基本把握的基础上，还应对风险链进行分析，即分析事件可能产生的各种直接后果及次生、衍生后果，评估各种后果的危害方式与危害程度。

一种生动形象地把握风险链的方法是开展突发事件情景构建，即构建未来可能面对的最严重威胁的"实例"。具体来说，在风险分析基础上，具体刻画未来可能面对的最主要威胁，描述事件可预期的演变过程和可能涌现的各种"焦点事件"。事件情景可成为应急预案编制的重要参考，所构建的情景对设定应急预案的方向、目标、结构和内容都有指导意义。

通常，一个典型的突发事件情景应包括两方面的内容。

（1）事件定义

要确定该情景针对的是哪一类别的具体突发事件，进而确定事件的规模，可从烈度、影响范围、持续时间等方面描述事件。

（2）事件进程与影响

①人员伤亡情况，描述突发事件可能造成的人员伤亡人数、地理分布、人群分布、伤亡形式与特征；②人员疏散情况，针对事件的规模和影响范围来确定需要疏散的人员数量、范围等；③财产损失情况，可能的财产损失的大致额度，损失财产的种类、分布、归属等；④"生命线工程"损毁情

况，事件对交通、通信、供水、排水、供电、供气、输油等系统的损毁状况；⑤环境破坏情况，突发事件有可能给环境造成的负面影响；⑥形势发展过程，描述从突发事件起始到结束的全过程中各个时间点、各个阶段可能发生的重要事件。

4. 应急资源调查

资源既包括本地区可用的资源，也包括能够借用或得到支援的外部资源。应急资源包括：应急人力资源（骨干与突击力量、专业基本力量、社会辅助力量等）、应急物力财力资源（应急物资、应急装备、应急设备、应急工程、应急监测体系相关财政预算）等。要全面调查本辖区内第一时间可调用的应急队伍、装备、物资、场所等应急资源状况，以及合作区域内可请求援助的应急资源状况，必要时对本地居民应急资源情况进行调查，为制订应急响应措施提供依据。

应急能力评估是依据风险分析和资源调查的结果，对现有应急能力进行的综合评估。应急预案制定者对本区域、本机构的应急能力优势与劣势做出定性描述。对于应急预案而言，现有能力是未来行动措施设计的基础。

（三）编制后期工作

1. 设计行动措施

在编制预案过程中，要分析研究相关突发事件典型案例及应对规律，构建突发事件情景、梳理职责任务，明确应急响应流程及措施等。

在应急预案中要规定应急指挥体系，明确应急体系中各个机构的组成以及机构从平时的职能状态到战时职能状态转换后的职责；根据对突发事件的分类分级，制定相应的应对措施；应急处置的每个步骤，都应该有明确的责任人和操作顺序。编制预案时，应当在评价与潜在危险相对应的应急资源和能力的基础上，根据突发事件的可能发生地和资源所在地以及不同类别、级别事件对各类资源的需求数量，结合自然和社会环境，确定资源调度的数量和路线。

2. 应急预案评审

在应急预案编制过程中，可通过召开座谈会、问卷调查、专家咨询或实地调研等多种形式广泛听取相关部门、单位和专家的意见。应急预案印发前，应组织开展专家评审，条件允许时可开展推演验证。涉及其他单位职责的，应书面征求相关单位意见。涉及限制公众自由或与公众权利密切相关的，应以适当的方式向社会征求意见。

基层组织和单位在应急预案编制过程中，应根据法律、法规、规章要求或实际需要，征求当地公民、法人或其他组织的意见。

为保证应急预案的科学性、合理性及与实际情况的符合性，应急预案必须经过评审，包括组织内部评审和专家评审，必要时请上级应急机构进行评审。

应急预案评审的主要标准包括6个方面：①形式完备性，形式和用语的规范性；要件的完整性，即预案主体内容是否完备；②内容合规性，法律依据是否恰当与相符，即预案是否符合有关法律、行政法规要求；③目标的针对性，情景设置的适当性，以及处置措施是否针对这一情景；④内容的实用性，响应行动的具体性和可行性，即应急响应级别的设计是否合理，责任分工是否合理明确，应对措施是否具体简明、管用可行等；⑤内容的可操作性，应急资源的落实与保障性；⑥与其他相关预案的兼容性，是否与有关应急预案进行了衔接。

（四）审批、备案和公布

1. 预案送审

乡镇（街道）专项应急预案要报乡镇政府（街道办事处）审批，必要时由预案制定或牵头制定部门报乡镇（街道）专题会议审议，以乡镇（街道）名义印发。

报请预案审批时，应包括下列材料：①预案送审稿；②应急预案编制说明；③征求意见及意见建议采纳情况；④对不同意见的处理结果和依据；⑤专家评审意见书；⑥应急推演评估报告；⑦应予以说明的其他事项。

因保密等原因需要发布应急预案简本的，应将应急预案简本一起报送审批。

2. 预案审核

应急预案审批单位应从9个方面对应急预案进行审核和审批：①是否符合有关法律、法规、规章；②是否与相关应急预案衔接；③各方面意见是否达成共识；④主体内容是否完备；⑤责任分工是否合理明确；⑥是否具备较强的可操作性；⑦应急响应设置是否合理；⑧应对措施是否具体可行；⑨其他需要审核的事项。

应急预案审核和审批单位可组织相关专家对应急预案进行评审。

3. 预案备案

乡镇（街道）的应急预案应在印发后的20个工作日内报区（县）应急管理部门和业务主管部门备案。应急预案备案应报送以下资料：①应急预案印发的通知；②应急预案电子文本；③应急预案编制说明；④应急预案审批和评审相关资料。

4. 预案公布

政府及其部门的应急预案，应通过政府网站、政府公报、报刊、广播、电视或移动新媒体等，及时向社会公布。涉及国家秘密和商业秘密的，应按照保密要求公布应急预案简本。

（五）培训演练

应急预案发布后，其编制单位应做好组织实施和解读工作，着重解读应急预案编制或修订背景、组织指挥体系、应急工作机制、风险防范和应对措施及涉及公众利益的重要事项，并跟踪应急预案落实情况，了解有关方面和社会公众的意见建议。

应急预案印发后15个工作日内，应急预案中明确的指挥机构应组织召开成员单位全体会议，学习熟悉预案，明确各相关部门和单位的职责，研究协调联动事项。

应急预案编制单位应通过编发培训材料、举办培训班、开展工作研讨、组织应急演练等方式，对与应急预案实施密切相关的管理人员和专业救援人员组织开展应急预案培训。

应急预案编制单位应积极开展应急预案的宣传普及活动，使公众熟悉、掌握应急预案的内容和要求。对需要公众广泛参与的非涉密的应急预案，编制单位应充分利用互联网、广播、电视、报刊，以及微信、微博等社交媒体广泛宣传，并制作通俗易懂、好记管用的宣传普及材料，向公众免费发放；对涉密的应急预案，应编制应急预案简本，做好宣传解读工作。

应急预案中涉及公众生命安全保障的部分应作为宣传普及的重点。

（六）评估修订

应急预案编制单位应建立定期评估制度，分析评价应急预案内容的针对性、实用性和可操作性，实现应急预案的动态更新优化。原则上至少每3年评估1次。应急预案评估可委托第三方专业机构组织实施。

有下列情形之一的，应及时修订应急预案：①有关法律、法规、规章、标准、上位预案中的规定发生变化的；②应急指挥机构及其职责发生重大调整的；③面临的风险发生重大变化的；④重要应急资源发生重大变化的；⑤预案中的其他重要信息发生变化的；⑥在突发事件实际应对和应急演练中发现问题需要做出重大调整的；⑦应急预案编制单位认为应修订的其他情况。

三、乡镇（街道）应急预案框架内容

乡镇可根据本地区各主要风险和应急工作实际，统筹考虑相关领域、相邻地区可能发生的突发事件类型及后果影响，结合乡镇（街道）实际情况确定应急预案体系，并根据所编制应急预案的种类和功能定位，研究编写应急预案，明确相应的基本格式、基本框架和基本结构。

综合（总体）应急预案主要明确本地区应对突发事件的总体性工作安排和各类突发事件应对工作的通用性规定。针对本地区高发频发的突发事件及情况复杂短期内难以控制消除的重大突发事件风险隐患或重要通用任务，可以单独编制专项应急预案或工作方案，也可合并编制综合（总体）应急预案；单独编制的，应急预案框架可参考综合（总体）应急预案和上级政府及其部门相关应急预案，并结合实际简化有关编制要素，充实专项行动安排、具体处置措施和附件材料。

（一）乡镇（街道）综合（总体）应急预案

综合（总体）应急预案是乡镇（街道）为应对本地区各类突发事件而制定的综合性工作安排，重点规范本地区应对突发事件的应急准备和响应处置行动，侧重明确突发事件的预警信息传播、组织先期处置和自救互救、信息收集报告、处置力量、现场管控、人员疏散与安置等内容，体现先期处置特点。具体章节设置可以参考以下内容（见表8-1），也可结合实际合并、简化相关内容或者调整章节。

表8-1　乡镇（街道）综合（总体）应急预案框架

1　总则
1.1 目的依据
1.2 适用范围
1.3 工作原则
2　应急组织体系

续表

2.1组织机构 2.2成员单位 2.3应急工作组 3 报告与预警 3.1风险分析与监测 3.2预警 3.3信息报告 4 应急处置 4.1应急响应 4.2应急处置措施 4.3联动支援与保障 4.4应急结束 5 后期处置 5.1善后处置 5.2评估总结 6 应急保障 6.1通信保障 6.2队伍保障 6.3物资保障 6.4场所保障 7 应急预案管理 7.1发布实施 7.2宣教培训 7.3应急预案演练 7.4应急预案衔接 8 附件

具体而言，乡镇（街道）综合（总体）应急预案的编制应注意以下方面。

1. 总则

明确预案的目的依据、适用范围、工作原则等内容。

（1）目的依据

明确编制和实施应急预案预期达到的具体目的和主要依据。

（2）适用范围

明确应急预案的适用范围、对象及应对的突发事件类型等。

（3）工作原则

明确乡镇（街道）应急工作的原则，内容简明扼要、明确具体，体现出本地区应急管理工作的特点。

2. 应急组织体系

（1）组织机构

明确乡镇（街道）应急管理领导机构，确定应急管理相关责任人员，负责组织实施本地区突发事件应对工作。具体职责一般包括：贯彻落实上级党委、政府关于应急管理工作的决策部署；建立完善乡镇（街道）应急管理机制；组织编写、修订乡镇（街道）应急预案；组织开展风险排查并督促落实防控措施；组织开展预警行动、先期处置，协助有关部门开展应急处置和救援；组织做好应急设备设施维护以及应急物资的管理、使用和发放；开展应急培训、应急演练工作。

明确承担本乡镇（街道）应急管理工作的机构，确定应急预案管理专兼职工作人员。职责一般包括：负责收集汇总本地区发生的突发事件信息，并按规定上报；审核本乡镇（街道）应急预案并指导所辖村（社区）编制应急预案；组织开展应急预案演练及宣教培训工作；承担乡镇（街道）交办的其他事项。

（2）成员单位

明确应急管理领导机构成员单位组成及其风险防控和应急处置职责。成员单位可以包括：本地区内承担应急管理或救援职责的单位（企业）和上级应急管理、消防救援、公安、卫生健康等部门派驻乡镇（街道）的机构、有关应急救援队伍等。

（3）应急工作组

明确应急管理领导机构相关工作组设置。可根据突发事件类型和现场应急处置工作需要，设置上下衔接、灵活高效的应急工作组，明确职责分工和负责人，以及承担的综合协调、应急处置、治安交通、卫生防疫、后勤保障、善后处置等职能任务和上级指挥机构交办的其他工作任务。

3. 报告与预警

（1）风险分析与监测

简述本地区面临的主要风险。

明确乡镇（街道）职责范围内的风险监测职责和信息上报任务，明确各类风险的管控、消除措施和责任人，并建立风险隐患排查机制。

明确承担主要风险监测任务的队伍、人员及其职责。工作职责可以包括：风险隐患巡查、信息报告、先期处置、配合上级开展灾情统计等。风险监测信息通常源于自然灾害综合风险普查信息，以及网格员、灾害信息员、气象信息员、基层公安派出所、乡镇（街道）所属站（点）工作人员等发现的动态情况和信息化监控系统捕捉到的信息。

（2）预警

明确预警信息报告、预警“叫应”机制，明确预警信息来源和传播手段渠道、信息载体，以及针对村（居）民、承担特定职责任务的人员、弱势人群、特殊场所等的传递措施和工作要求。

明确预警响应机制，以及需要采取的预警响应措施和应急准备工作。以下预警响应措施可供参考：①乡镇（街道）有关负责人、应急工作组人员、应急救援队伍等在岗备班，进入待命状态；②检查乡镇（街道）现有物资、装备的有效性，有需要的要做到定向前置；③依法关闭或者限制使用易受突发事件危害的场所，控制或限制容易导致危害扩大的公共场所的活动；④明确转移路线、转移地点、转移方式、转移工作负责人和联络人，及时组织人员转移、疏散、撤离，并予以妥善安置；⑤加强对预判受影响区域内的加油（气）站、学校、幼儿园、医院、养老院、地下空间等重点场所、重要部位和重要基础设施的安全巡查；当确认突发事件发生后，迅速启动应急响应。

明确预警解除有关要求，根据上级部门发布的预警解除信息，及时通知受影响的相关区域和人员，解除已经采取的有关措施。

（3）信息报告

明确乡镇（街道）应急信息报告渠道、流程和手段。明确乡镇（街道）值班制度，确定应急值守电话。明确建立基层信息报告网络，以及网格员、灾害信息员、气象信息员、护林员、协管员等承担特定应急职责任务人员的信息报告任务，鼓励群众及时报告相关信息。

明确村（社区）及有关人员第一时间向乡镇（街道）报送突发事件信息及苗头性信息的工作要求，情况紧急时直接拨打119火警电话、110报警电话和120急救电话。明确协助有关部门对外发布相关信息的要求。

明确向上级党委和政府、相关应急指挥机构，以及应急管理、消防救援、公安、卫生健康等主管部门（单位）报告信息的流程、内容、时限和责任人，以及上级部门与有关单位联络方式、报警电话。明确口头和书面报告的形式，以及必要的模板格式和内容要素。必要时，通报可能受影响的有关地区和单位。有条件的乡镇（街道）可进一步明确信息报告的初报、续报时限和内容要求。突发事件信息通常包含：发生时间、地点、人员伤亡情况、财产损失情况、影响范围、处置措施、请示支援事项等。

4. 应急处置

（1）应急响应

明确应急响应的程序、启动主体、启动形式与条件等要求。预案应急响应是否分级、如何分级、如何界定分级响应措施等，应由乡镇（街道）根据本地区实际情况确定。对于明确分级响应的，可综合考虑突发事件造成的损失大小、处置难度、影响范围、调用资源力量、舆情等情况。

明确赶赴现场组织处置的乡镇（街道）负责人及所属有关机构、应急救援队伍、事发地村（社区）相关人员职责任务。明确社会单位参与处置时的组织程序。

（2）应急处置措施

明确现场处置责任人及主要处置措施，包括：先期处置、现场指挥、秩序维护、抢险救援、转移安置、救灾救助等。

警戒疏散。明确警戒范围、疏散区域及疏散负责人、组织者和有关资源，确定紧急集合点、疏散路线和疏散方式。

抢险救援。明确可调用的基层应急救援队伍组成和必要分组，开展排除险情、防止次生衍生事件等先期处置任务。

转移安置。涉及转移安置任务的，可明确组织实施人员转移安置的责任主体和负责人、被转移安置人员、转移安置方式及场所、转移条件及路线等关键要素，必要时可进一步明确避难场所负责人、所需车辆及驾驶员和被转移安置人员的基本生活需求及医疗需求，还可明确被转移安置人信息统计和人员安抚的工作要求。

（3）联动支援与保障

明确乡镇（街道）与相邻乡镇（街道）、有关应急救援队伍、企事业单位及上级应急指挥机构或部门之间的应急联动机制。明确上级部门及专业应急救援队伍到场后的协同处置和保障措施。根据需要，可明确上级应急指挥机构到达现场后，乡镇（街道）现场负责人及时汇报现场情况，移交现场指挥权，协助做好相应保障工作。

（4）应急结束

明确应急结束或响应终止的条件和程序，包括逐步停止有关应急处置措施、有序撤离应急队伍和工作人员等。图8-1是以某街道为例的突发事件应急处置全流程。

5. 后期处置

（1）善后处置

明确现场应急处置工作结束后需要开展的善后处置工作。以下内容供参考：①配合上级主管部门制订针对受灾村（社区）民的救助、补偿、抚慰、抚恤、安置等善后工作方案；②对参与应急处置人员按规定落实补助措施，对在应急处置中受伤或牺牲的人员积极协调落实有关优抚待遇；③开展

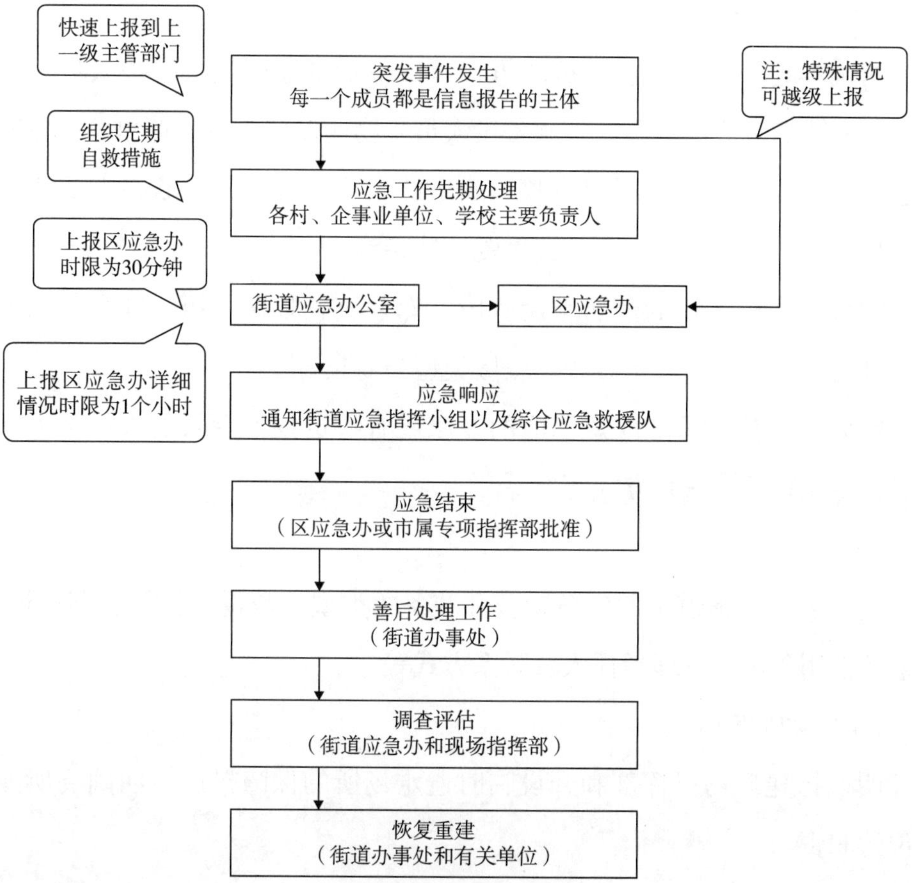

图 8–1 突发事件应急处置与事后处置流程

疫病防治、环境污染消除等相关工作；④按照上级要求明确恢复重建的工作要求，配合上级部门尽快恢复生产生活秩序。

（2）评估总结

明确配合上级部门开展突发事件调查评估的工作内容，组织参与应急处置工作的所属机构、有关部门（单位）及派出机构等人员，总结评估应急处置工作，提出改进意见，完善应急预案。

6. 应急保障

（1）通信保障

明确可为乡镇（街道）提供应急通信保障的相关单位及人员的通信联系方式和方法。有条件的可充分利用相关信息通信系统和技术通信设备。

（2）队伍保障

明确本地区基层应急救援队伍，可以包括本地区基层警务人员、医务人员、乡镇消防队员、民兵、预备役人员、物业保安、企事业单位应急队伍和志愿者等。可列出基层应急救援队伍的人数、负责人、联系人及联系方式、救援类型与专长、应急救援物资与装备等。

明确可协调支援的消防救援队伍、专业应急救援队伍、社会应急力量等，可列出联系人、联系方式、救援类型与专长等。

明确可支持或参加应急响应的专家或有特定技术专长的人员，可列出姓名、专业特长、联系方式等。

（3）物资保障

明确乡镇（街道）的应急物资和装备的类型、数量、性能、存放位置、运输及使用条件、管理责任人及联系方式等。

（4）场所保障

明确搭建现场指挥部和开设临时避难场所的保障措施，明确场所业主单位的职责。

根据实际需要，可以简化本章节设置，将应急处置过程中的保障措施等内容调整至“应急处置”等章节，将应急队伍、物资装备、避难场所等具体内容以清单或列表方式并入“附件”。

7. 应急预案管理

（1）发布实施

明确应急预案发布和解释主体、施行日期。

（2）宣教培训

明确组织应急预案宣传教育和培训工作，对象可包括应急管理有关人员和相关应急救援队伍、承担特定职责任务的人员等。

（3）应急预案演练

明确开展应急演练的形式、频次、评估等工作要求。鼓励开展群众参与度高、应急联动性强、形式多样、节约高效的应急演练。通过应急演练检验完善应急预案。

（4）应急预案衔接

明确乡镇（街道）突发事件应急预案体系构成及配套支撑性文件。

明确对本地区内村（社区）、企事业单位应急预案工作的指导要求。明确应急预案定期评估、修订等要求。

8. 附件

结合乡镇（街道）应急工作的实际需求，可采取文本、表格、流程图等形式，编制或列出应急预案附件，可以包括乡镇（街道）行政区划图、防汛防台风形势图、风险点分布及应急疏散示意图、人员转移表（图）、风险清单、任务清单、应急物资装备列表、应急队伍列表、重点防护部位清单、应急处置流程图、指挥机构联系方式、重点岗位应急处置卡及其他必要附件。

对于与有关专项应急预案合并编制的综合（总体）应急预案，可以增设专门章节，明确本地区高发频发的若干分灾种突发事件的应急处置工作责任主体、响应程序和处置措施等，也可以在“附件”中单独编列若干个分灾种突发事件专项应急处置工作方案。

（二）乡镇（街道）专项应急预案

乡镇（街道）依据有关规定或根据实际需要，可以针对本地区高发频发的突发事件，或情况复杂、短期内难以完成整改的重大灾害风险隐患，或所承担的重大活动保障任务等，单独制定专项应急预案。

专项应急预案的形式、要素和内容可结合实际灵活确定，也可聚焦现场应急处置，简化编制为应急处置工作方案或现场处置方案、应急预案操作手册等。力求简明实用、操作性强，突出先期处置特点，重点规范乡镇（街道）层面应对行动，侧重明确突发事件的预警信息传播、任务分工、处置措施、信息收集报告、现场管理、人员疏散与安置等。

（三）其他应急预案及支撑性文件

乡镇（街道）应急预案涉及的有关单位、机构、村（社区）、基层应急救援队伍等可以根据应急预案有关规定，结合自身具体情况编制本单位、机构、村（社区）、队伍使用的应急预案或工作手册，侧重明确对自身承担职责任务进一步分解细化的工作安排，包括应急响应措施、处置工作程序、队伍和装备物资清单，以及相关单位联络人员、专家名单和电话等，可采取表格、流程图等多种形式。应急手册可以单独编制，也可以与有关应急预案合并编制。

乡镇（街道）应急管理领导机构及其工作小组等有关负责人员、应急救援队伍负责人等重要岗位人员，以及网格员、灾害信息员、护林员、协管员等承担特定应急职责任务的人员可以配套制定岗位应急处置卡。

四、村（社区）应急预案

村（社区）应急预案要紧密结合本区域实际情况和具体职责任务等编制应急预案，侧重明确主要风险、人员分工分组、信息报告、预警响应、自救互救、疏散转移，可用应急资源等内容，突出快速、灵活、具体等特点。

村（社区）应急预案基本框架通常包括：适用范围、应急组织机构、报告与预警、应急处置、应急保障、预案管理、附件等（见表8-2）。

表8-2 村（社区）应急预案基本框架

1 适用范围
2 应急组织机构
3 报告与预警
3.1 风险防范
3.2 信息报送
3.3 预警行动
4 应急处置
4.1 响应程序

续表

4.2 先期处置
4.3 分灾种处置要点
4.4 应急支援
4.5 响应结束
5　应急保障
5.1 队伍保障
5.2 物资保障
5.3 场所保障
6　预案管理
7　附件

1. 适用范围

结合实际，简述应急预案适用范围。

2. 应急组织机构

村（社区）“两委”在应急状态下，明确有关人员职责任务，统筹调配本区域各类资源和力量，组织开展应急工作。结合实际，自主决定是否成立应急领导小组，统筹突发事件应对工作。

成立应急领导小组的，可根据需要由村（社区）主要负责人担任组长，成员可以由村（社区）“两委”班子成员及其他有关人员组成。主要职责包括：组织制定村（社区）应急预案；防范化解本区域主要风险隐患；组织开展预警响应、先期处置，协助上级开展应急救援、现场秩序维护、善后处置、管理发放应急物资等工作；组织开展应急演练和宣教培训工作。应急领导小组可结合实际设置若干工作小组，明确各工作小组负责人、成员、职责和联系方式等。以下工作小组设置示例供参考。

综合小组：负责值班值守、信息报告、综合协调、指令传达、宣传引导、通信联络等工作，并协助做好善后处置相关工作。

应急救援与转移安置小组：负责突发事件先期处置，组织开展自救互救、转移安置，协助专业救援队伍开展人员搜救，做好转移安置群众的心理疏导等相关工作。

秩序维护小组：负责突发事件现场警戒、秩序维护和道路引导等工作。

后勤保障小组：协助做好抢险救灾所需相关应急物资等的运送、补给及应急处置人员和受灾群众的生活保障、物品分发等工作。

3. 报告与预警

（1）风险防范

明确本区域主要风险隐患和危险源，明确风险监测与报告的职责任务与责任人，及时报告可能导致突发事件的风险和苗头信息、预警和险情信息。

（2）信息报送

明确村（社区）突发事件信息报告的主体、对象、程序和要求等。首报要快，主要报告突发事件发生的时间、地点、造成损失等基本情况。同时，对于人员伤亡或被困等其他重要情况主动核实续报，根据需要向上级有关部门或救援机构紧急呼救或请求支援。信息报告对象一般包括所在乡镇（街道）、县级有关部门或110报警电话、119火警电话和120急救电话，并及时通知本区域受威胁的相关单位和群众。

（3）预警行动

明确村（社区）值班制度，有关责任人员要保持通信联络畅通，及时接收上级有关部门发布的预警和警报信息，密切关注广播、电视、互联网媒体播发的预警信息。

明确接到预警信息后的传递措施、负责人和工作任务，以及针对老弱病残孕等脆弱人群和学校、养老院等特殊场所的传递措施。可通过广播、显示屏、宣传栏、微信、电话、“大喇叭”、警报器、锣鼓及组织人员逐户通知等方式，最大限度扩大预警信息传递范围、落实“叫应”机制。

4. 应急处置

（1）响应程序

明确获悉突发事件信息后应当采取的响应行动。

村（社区）“两委”立即核实情况并协调组织村（社区）应急救援力量开展转移安置人员、控制危险源、管控现场等先期处置，并根据现场情况及时向乡镇（街道）、有关上级部门报告，请求支援。

（2）先期处置

明确现场处置措施，村（社区）根据自身能力和事态发展，在保证自身安全的情况下可采取现场处置措施。

以下处置措施示例供参考：①秩序维护，根据现场需要，组织村（社区）民兵、物业保安等人员协助有关部门划定警戒区域，维持现场秩序，做好安保工作；②疏散转移，对于受到灾害威胁的群众，及时组织转移和疏散至安全地或紧急避难场所，优先安置老弱病残孕等脆弱人群，应确定专人负责叫应叫醒和转移安置；③抢险救援，在确保安全的条件下开展先期处置，组织群众开展自救互救，协助到场消防救援队伍或专业救援队伍开展人员搜救、灾情应急处置；④人员救治，对转移到安全地带的伤员进行初步检查、监护及救治，并向医疗急救机构告知伤者基本情况，争取救治时间，适时开展心理安抚和疏导工作；⑤物资保障，筹集或申请上级帮助解决食品、饮用水、衣被、医疗、住宿等基本生活物资，确保转移和受灾人员得到妥善安置；⑥宣传引导，做好现场舆情收集、灾情统计、宣传引导及安抚工作。

（3）分灾种处置要点

根据本区域的实际情况，针对本区域面临的主要风险，在开展上述应急响应工作的基础上，进一步明确若干突出种类突发事件应急处置的责任主体、响应程序和措施等处置要点，对于危害严重、影响范围大的灾种事件，也可单独编制应急预案或处置工作方案。

以下类别突发事件应急处置要点示例供参考：①地震地质灾害应急处置要点，明确灾害发生后有关责任主体的响应程序和采取的应急处置措施，主要包括组织疏散转移与安置、向上级报告灾情、动员村（居）民开展自救互救、配合维护现场治安、配合上级部门发放救灾物资、做好群众安抚工作等；②防汛应急处置要点，明确洪涝、台风等灾害有关责任主体的响应程序和采取的应急处置措施，主要包括开展风险巡查、组织避险转移、清除窨井盖上的堵塞物、对受灾村（居）民进行安置、配合抢险救灾工作、配合维护现场治安等；③火灾应急处置要点，明确火灾发生后有关责任主体的响应程序和采取的应急处置措施，主要包括第一时间拨打119火警电话、疏散群众撤离火灾现场、拉警戒线、保障自身安全前提下组织初期灭火行动、引导消防救援队伍抵达预定位置，疏导周边道路交通，帮助引导消防水源等；④水电气热事故应急处置要点，明确水电气热事故发生后有关责任主体的响应程序和采取的应急处置措施，主要包括通知有关行业部门或运营管理单位、疏散转移相关人员、将事故通报受影响的本区域居民、配合相关部门或企业实施抢修工作、配合上级政府和部门发放救灾物资、做好群众安抚工作等；⑤传染病疫情应急处置要点，明确突发传染病疫情发生后有关责任主体的响应程序和采取的应急处置措施，主要包括配合上级政府和有关部门进行隔离封控、做好安抚工作、做好公共场所消毒、做好本区域的摸排登记工作、为村（居）民协助提供必要的基本生活保障等。

（4）应急支援

明确有关责任人员负责协调联系上级有关专业应急救援队伍、社会救援力量参加应急救援处置工作。所在地乡镇（街道）或上级部门到达现场后，及时汇报现场情况，服从统一指挥和管理，协助开展现场处置，做好相应保障工作。

（5）响应结束

现场应急处置工作结束并确认危害因素排除，有关应急指挥机构或者人民政府宣布响应终止后，村（社区）及时终止有关应急措施。协助乡镇（街道）做好善后处置工作，救济救助受灾群众，接受并分配救灾物资，恢复社会秩序。按照上级要求，协助开展灾情核定，做好遇难人员、伤员的善后处理及家属抚恤工作。

5. 应急保障

明确应急救援队伍、物资、场所等保障职责和要求，也可以图表、清单等方式在附件中体现。

（1）队伍保障

依托村（社区）“两委”班子成员、民兵、网格员、灾害信息员、护林员、企业、单位、志愿者等组建专（兼）职基层应急救援队伍，负责传递预警信息、开展自救互救、转移安置人员、道路引导，协助做好秩序维护、物资发放等工作。

（2）物资保障

明确依托本区域或周边应急服务（救援）站、医疗救护站、微型消防站、党群活动中心等场所，配置应急物资装备，包括通信设备、车辆、救援工具等，明确物资储备地点、种类、数量和动态管理机制等。

（3）场所保障

根据本地条件，选择安全空旷的公共场地或学校、文体场馆等场所作为紧急避难场所，明确负责人员、联系方式、容纳人数、地点和必要的设施等。村（社区）可结合实际明确医疗、电力等其他保障措施。

6. 预案管理

明确应急预案发布主体、施行日期。

明确对应急预案涉及的相关人员进行宣传教育和培训，提高群众公共安全意识和自救互救能力。

明确村（社区）开展应急预案演练的形式、频次等工作要明确应急预案定期评估、及时修订。

7. 附件

附件可以包括村（社区）基本情况、应急通讯录、应急救援队伍清单、应急物资装备清单、重点部位和人员，以及有关处置方案、操作手册、流程图、处置卡（明白卡）等。以下附件形式内容示例供选择和参考。

村（社区）基本情况：明确地理位置、山域水域、住户、物业、学校、医院、养老机构、可提供生活必需品的超市、应急避难场所等。

应急通讯录：明确村（社区）“两委”和有关应急工作组相关人员、本区域物业、企业和上级单位有关人员的联系方式。

风险辨识清单：列出本村（社区）的主要风险。

应急救援队伍清单：以清单形式明确村（社区）基层应急救援队伍、应急突击队的人员名单和联系方式；有条件的也可以队伍行动方案形式体现，明确人员组成、行动预想与处置措施、通信联络与保障等内容。

应急救援装备清单：列出主要应急救援装备清单，包括通信设备、车辆、救援工具等，明确装备储备地点、种类和数量。

应急物资清单：列出主要应急物资，包括灭火器材、抢修器材、防疫物资、急救器材等，明确物资储备地点、种类和数量。

重点保护部位和人员清单：主要列明学校、养老院、医院、主要交通干线等需重点保护的部位，以及老弱病残孕等自我保护能力低的人员名单。

应急处置流程图：直观展示本村（社区）应急处置的流程。

应急疏散示意图：标明应急避难场所位置和疏散路线、疏散分组、组织主体等。

防汛防台形势图或农村避险转移安置图：对风险区、转移路线及避灾安置点进行标注，并要求在村（社区）内人员集中区域进行公示张贴。

典型案例　××街道突发公共事件总体应急预案

为构建“集中领导、统一指挥、结构完整、功能全面、反应灵敏、运转高效”的突发公共事件（以下简称突发事件）应急体系，全面提高街道应对突发事件的能力，最大限度地预防和减少突发事件造成的损害，保障辖区居民生命财产安全，维护辖区稳定，根据上级相关要求，结合实际情况，特制定此预案。

1 总则

1.1 目的依据

为了有效防范各类突发事件的发生，协同快速处置突发事件，维护人民群众的生命财产安全和社会安定有序，依据《中华人民共和国突发事件应对法》《××市突发事件应急预案管理办法》《××区突发公共事件总体应急预案》等有关法律法规、文件，结合××街道办事处辖区内突发事件应对工作实际，制定本预案。

1.2 适用范围

本预案是××街道办事处应对各类突发事件的总纲，用于指导预防和处置发生在××街道办事处行政区域内，或发生辖区外应由本街道办事处处置或参与处置的各类突发事件。

1.3 工作原则

（1）坚持人民至上、生命至上。维护广大人民群众的根本利益，保护人民生命及财产安全，是街道办事处的重要职责，是应急工作的出发点和落脚点。

（2）坚持统一指挥，分级负责。建立健全街道应急指挥体系，持续完善分类管理、源头防控的突发事件风险防范和应对职责体系，强化部门之间、村居之间、各类力量之间的协调联动机制，积极履行属地责任，及时启动应急响应，开展先期处置。

（3）坚持依法规范、科技支撑。健全应急管理配套制度，推进突发事件应对工作规范化、制度化、法治化建设。加强应急管理研究和开发，充分发挥专家队伍和专业人员作用，提高突发事件应对的科学化、专业化、智能化、精细化水平。

（4）坚持区域协同、联防联控。健全完善应急协调机制，强化与上级有关部门、友邻街道的联防联控，加强信息沟通、政策协调和资源共享。

1.4 事件分类分级

1.4.1 事件分类

根据突发事件的发生过程、性质和机理，突发事件主要分为以下4类。

（1）自然灾害。主要包括气象灾害、水旱灾害、地震灾害、地质灾害、生物灾害和海洋灾害等。

（2）事故灾难。主要包括企业各类安全事故、交通运输事故、火灾事故、渔业船舶事故、公共设施和设备事故、核与辐射事故、环境污染和生态破坏事件等。

（3）公共卫生事件。主要包括传染病疫情、群体性不明原因疾病、食品安全事故、药品安全事件，动物疫情、其他严重影响公众健康和生命安全的事件。

（4）社会安全事件。主要包括恐怖袭击事件、民族宗教事件、经济安全事件、涉外突发公共事件、大规模群体性事件和重大刑事案件等。上述各类突发事件往往是相互交叉和关联的，某类突发事件可能和其他类别的事件同时发生，或引发次生、衍生的其他类型事件，应当具体分析，统筹应对。

1.4.2 事件分级

突发事件按照其性质、造成损失、危害程度、可控性和影响范围等因素，一般分为4级：特别重大、重大、较大和一般。特别重大突发事件是指事态特别严重，对全街道范围内的社会财产、人身安全、社会秩序或公共安全造成特别严重危害和威胁的突发事件。重大突发事件是指事态严重，对街道辖区范围内的社会财产、人身安全、社会秩序或公共安全造成严重危害和威胁的突发事件。较大突发事件是指事态较严重，对街道一定范围内的社会财产、人身安全、社会秩序或公共安全造成一定危害和威胁的突发事件。一般突发事件是指事态较轻，仅对街道局部较小范围内社会财产、人身安全、社会秩序或公共安全造成危害和威胁的突发事件。各类突发事件的量化分级标准参照相应国家专项应急预案、省市区级分级标准设置，结合实际情况在相应的专项应急预案中予以明确。法律法规等另有规定的，从其规定。

1.5预案体系

街道突发事件应急预案体系包括街道突发事件总体应急预案，街道突发事件专项应急预案、各村及企事业单位制定的各类突发事件应急预案。

（1）街道总体应急预案：根据区总体应急预案，为应对街道突发事件制订的整体计划和规范程序，是街道组织、管理、指挥、协调相关应急资源和应急行动的指南。

（2）街道专项应急预案：街道办事处及其有关部门为应对某一类型或某几种类型突发事件，而预先制定的涉及多个部门职责的工作方案。

（3）各村及企事业单位应急预案：各村及企事业单位结合本单位工作实际编制的应急预案，是本单位应急管理和处置的直接依据。

（4）重大活动安全单项应急预案：举办大型会展和文化体育等重大活动安全的应急预案，按照谁主办谁负责的原则，由组织承办单位负责编制。各类预案应当根据实际情况变化，由编制单位及时修订；专项预案构成种类将不断补充、完善。

2 风险评估

2.1 基本概况（略）

2.2 风险分析

街道区域内现有地质灾害风险隐患点2个。区域主要突发事件以频发的台风灾害为主，影响大、处置难度大，台风造成的次生、衍生灾害严重，损失的放大效应显著，往往会对社会秩序、社会功能、环境与资源等造成严重的破坏，给人民群众的生产生活、经济社会的正常运转造成强烈的冲击。街道涉及其他类型自然灾害，如风暴潮、暴雨、洪涝灾害、干旱、地面沉降、地面塌陷等，极易对辖区造成巨大的经济损失。随着城镇化建设步伐的加快，道路交通、生产安全、环境污染、火灾等事故发生的概率进一步增大；各种重大传染病疫情、食品安全事件发生的可能性有所增加；土地拆违、村居集体资产等经济社会问题引发的群体性聚集上访，以及个人极端事件可能发生。

2.3 应对能力评估

××街道有一支50人的综合应急救援队伍，配备有300台（套、件）的救援装备器材。街道储备有20000余件（条）防汛防台物资；各级应急指挥机构和单位经常开展风险评估和隐患排查，定期组织应急力量的培训演练，具备处置一般突发事件的应对能力和重大、较大突发事件的先期处置能力。此外，街道共设本级避灾安置场所3个、村级避灾安置场所9个，总计10000平方米，可容纳人数2493人，街道社区卫生服务中心1家，基本满足一般应急需要。

3 组织机构与职责

3.1 领导机构

在街道党工委、办事处领导下，成立××街道突发事件应急管理领导小组（以下简称街道应急管理领导小组），统一领导街道可能发生的各类、各级突发事件的先期处置和善后处理工作。街道应急管理领导小组下设办公室，负责统筹应急响应工作，由相关责任部门负责应急管理领导小组的日常工作。街道应急管理领导小组由党工委书记担任组长，街道党工委副书记、街道党工委委员、办事处副主任、×× 街道派出所所长担任副组长，成员分别由街道科室负责人、街道分管各类突发事件应对的领导、相关职能部门负责人及村党支部书记、村委会主任、各企事业单位负责人担任。

3.1.1 街道应急管理领导小组人员构成

组长：党工委书记。副组长：党工委副书记、纪工委书记、人大工委主任、武装部部长、党工委委员、办事处副主任、×× 街道派出所所长。组员：党政综合办公室、党建工作办公室、城乡建设办公室、社会事务管理办公室、平安建设办公室、纪委、人武部、工会、妇联、团委、经济发展服务中心、农业农村服务中心、城乡环境管理中心、公共安全管理中心、××街道派出所、各村、企事业单位等负责人。

3.1.2 应急管理领导小组主要职责

（1）在区应急管理委员会（以下简称区应急委）、街道党工委、街道办事处的统一领导下开展突发事件应对工作。

（2）研究制定街道应对突发事件重大决策和指导意见。

（3）审定街道突发公共事件总体应急预案。

（4）当突发事件超出本街道处置能力时，按照程序请求区应急委支援。

（5）在处置突发公共事件的工作中协调与上级部门、有关单位的关系。

（6）配合区应急委做出应对特别重大和重大突发事件决定，并按照区应急委指示要求做好具体实施工作。

3.1.3 街道应急管理领导小组人员分工

根据街道党工委、街道办事处负责人分工，按照“谁主管、谁负责”的原则，街道应急管理领导小组领导成员具体分工如下。

党工委书记：负责应急管理领导小组全面指挥工作。

党工委副书记、办事处主任：负责配合组长进行应急救援指挥工作，组长不在时，行使组长授权的指挥职责。

综合保障负责人：协助组长应对突发公共事件做出决策并协同指挥工作；负责突发公共事件物资保障工作。

应急管理工作负责人：协助组长应对突发公共事件做出决策并协同指挥工作；负责突发气象灾害事件、洪灾、旱灾、企业安全生产事故、火灾事故、道路交通事故等突发事件的应急指挥工作；负责突发食品安全事件的应急指挥工作。

组织、党建工作负责人：协助组长应对突发公共事件决策的落实工作；负责各类突发公共事件的舆情处置工作；负责网络与信息安全事件应急指挥工作；负责突发公共事件宣传报道和新闻发布工作。

人大工委主任：协助组长应对突发公共事件决策的落实工作。

纪工委书记：负责应急处置全过程的纪检监察工作。

人民武装工作负责人：负责突发人防工程事件、协调武装部及民兵参与突发事件的应对工作。

城乡建设办公室负责人：负责突发建筑工程事故、电力事故、燃气事故、地下管线事故应急指挥工作；负责街道域内公共设施突发公共事件应急指挥工作；负责突发环境卫生事件、供排水事件、突发林木有害生物事件等突发事件的应急指挥工作。

社会事务办公室负责人：协助组长应对学校突发公共事件决策的落实工作；负责突发公共卫生事件、其他严重影响公众健康和生命安全事件应急指挥及救人工作；负责重大、特大动物疫病先期处置及一般疫病应急指挥工作及突发植物疫情应急指挥工作。

平安建设办公室负责人：负责街道上访、聚集等群体性事件应急落实工作；负责突发劳动纠纷事件指挥工作；负责突发民族宗教问题引发的群体性事件应急指挥工作。

××街道派出所负责人：负责应对街道突发公共事件的有关工作；负

责街道域内重大、特大刑事案件、恐怖袭击事件的先期处置及一般刑事案件的应急指挥工作。

各村、企事业单位负责人：负责本单位突发公共事件的全面工作，配合街道突发公共事件应急处置。

3.2 日常工作机构

街道应急管理领导小组办公室（以下简称街道应急办）为街道应急管理领导小组常设工作机构，设在街道公共安全管理中心，街道应急办主任由分管应急管理的党工委委员担任，副主任由公共安全管理中心负责人担任。街道应急办根据街道应急管理领导小组的决定，负责组织、协调、指导、检查全街道突发事件的预防和应对工作。

3.2.1 机构设置（略）

3.2.2 主要职责

（1）综合协调本辖区突发公共事件应急管理工作，负责特别重大、重大、较大突发事件先期处理和善后工作；负责本辖区内发生一般突发事件指挥应对工作。

（2）具体协调政务值班、应急值守。

（3）承担信息汇总、办理和督促落实街道应急领导小组决定的事项。

（4）组织编制、修订办事处总体应急预案，组织审核专项和部门应急预案。

（5）分析总结全街道年度突发事件应对工作。

3.3 专项指挥机构

3.3.1 街道应急管理领导小组下设街道专项应急指挥部

发生重大或特别重大突发事件时，应依据区应急办和区专项指挥机构的要求建立现场指挥部，配合开展应急处置工作，由街道党工委书记任现场指挥部总指挥；当发生一般或较大突发事件时，视情况需要，建立现场指挥部，由专项应急指挥部指挥长负责指挥。现场指挥部开设位置，视实际情况设置。

3.3.2街道专项应急指挥部分工（略）

3.3.3街道专项应急指挥部职责

（1）贯彻落实相关突发事件应对法律法规规章。

（2）研究制定街道应对专项突发事件的政策措施和指导意见。

（3）在街道党工委、街道办事处和区级专项指挥机构的领导下，做好街道相关较大、重大、特别重大公共突发事件应急处置工作，具体指挥街道相关一般突发事件应急处置工作。

（4）分析总结本街道应对专项突发公共事件工作，制订工作规划和年度工作计划。

（5）负责街道各专项应急指挥部所属应急救援队伍、应急物资保障的建设和管理等工作。

（6）承担街道应急管理领导小组交办的其他任务。

除以上各类专项应急指挥部外，如发生其他突发公共事件，由街道分管领导和相关主要责任单位成立临时应急指挥部，负责现场紧急处置工作。

3.4专家组

办事处和各应急指挥机构及有关科室聘请有关专家组成相应专家组，为应急管理提供决策建议，必要时参加突发公共事件应急处置工作。

3.5各村、企事业单位应急机构

各村、企事业单位等应明确突发事件应对工作负责人，成立相应突发事件应急领导小组和指挥部，协助街道办事处及有关部门做好突发事件应对工作。

4风险防控与监测预警（略）

5应急处置（略）

6 后期处置（略）

7 保障措施（略）

8 监督管理（略）

本预案由街道党工委、街道办事处审定，以街道办事处名义印发，并报区政府备案，由区发改应急局履行备案审查监督职责。同时，应及时向社会公布，对确需要保密的内容，按有关保密规定执行。

9 附则（略）

10 附件

附件1：×× 街道专项应急指挥小组分工表

附件2：×× 街道应急处置流程图

附件3：×× 街道紧急联系单位及人员通信录

附件4：×× 街道专项应急预案统计表

附件5：×× 街道突发事件类型统计表

附件6：×× 街道突发事件应对任务统计表

附件7：×× 街道应急物资统计表

附件8：×× 街道综合应急救援队伍人员统计表

附件9：×× 街道办事处避灾安置场所统计表

典型案例 ××街道火灾事故应急预案

1 总则

1.1 编制目的

为了有效预防和处置辖区各类突发火灾事故，最大限度地减少火灾事故及其造成的人员伤亡和财产损失，提高防范风险能力，保障城市运行安全，特制定本街道火灾事故处置专项应急预案。

1.2 编制依据

依据《中华人民共和国消防法》《温州市火灾事故应急预案》《浙江温州海洋经济发展示范区突发公共事件总体应急预案》《××街道突发公共事件总体应急预案》等法律法规和规范性文件，结合实际情况制定本预案。

1.3 适用范围

本预案适用于发生在××街道行政区域内对国家财产和人民的生命财产安全造成或可能造成损害的各类突发火灾事故。

1.4 事件分级

根据火灾事故严重程度、涉及范围等，划分为特别重大火灾事故（Ⅰ级）、重大火灾事故（Ⅱ级）、较大火灾事故（Ⅲ级）和一般火灾事故（Ⅳ级）4级。本预案有关数值表述中，“以上”含本数，“以下”不含本数。

1.4.1 特别重大火灾事故（Ⅰ级）

符合下列情况之一的，为特别重大火灾事故。

（1）造成30人以上死亡，或危及30人以上生命安全，或造成100人以上重伤的。

（2）造成1亿元以上直接经济损失，或受灾200户以上的。

（3）核电厂、大型发电厂、飞机航站、大型港口（码头）、轨道交通控制中心、轨道交通车辆段等重要建筑（设施、场所）发生火灾，已经或可能造成巨大损失和影响的。

（4）生产、储存易燃易爆危险物品的大型企业，储备可燃或有毒物质的大型（专用）仓库、基地发生火灾，已经或可能造成巨大损失和影响的。

1.4.2重大火灾事故（Ⅱ级）

符合下列情况之一的，为重大火灾事故。

（1）造成10人以上、30人以下死亡，或危及10人以上、30人以下生命安全，或造成50人以上、100人以下重伤的。

（2）造成5000万元以上、1亿元以下直接经济损失的，或受灾150户以上、200户以下的。

（3）核电厂、大型发电厂、飞机航站、大型港口（码头）、轨道交通控制中心、轨道交通车辆段等重要建筑（设施、场所）等重要建筑（设施）发生火灾，已经或可能造成重大损失和影响的。

（4）市级党政首脑机关、防灾指挥中心等重要建筑，市级广播电视、电力、通信、邮政、金融中心等重要建筑（设施）发生火灾，已经或可能造成重大损失和影响的。

1.4.3较大火灾事故（Ⅲ级）

符合下列情况之一的，为较大火灾事故。

（1）造成3人以上、10人以下死亡，或危及3人以上、10人以下生命安全，或造成10人以上、50人以下重伤的。

（2）造成直接经济损失1000万以上、5000万元以下的，或受灾100户以上、150户以下的。

（3）市级发电厂、交通枢纽等重要建筑（设施）发生火灾，已经或可能造成较大损失和影响的。

（4）生产、储存易燃易爆危险物品的中型企业，储备可燃或有毒物质的中型（专用）仓库、基地发生火灾，已经或可能造成较大损失和影响的。

（5）市级党政首脑机关、防灾指挥中心等重要建筑，市级广播电视、电力、通信、邮政、金融中心等重要建筑（设施）发生火灾，已经或可能造成较大损失和影响的。

1.4.4一般火灾事故（Ⅳ级）

（1）造成3人以下死亡，或危及3人以下生命安全，或造成3人以上、10人以下重伤的。

（2）造成直接经济损失100万元以上、1000万元以下的，或受灾50户以上、100户以下的。

（3）县级发电厂、交通枢纽等重要建筑（设施）发生火灾，已经或可能造成一定损失和影响的。

（4）县级生产、储存易燃易爆危险物品的企业，以及储备可燃或有毒物质的（专用）仓库、基地发生火灾，已经或可能造成一定损失和影响的。

（5）县级党政首脑机关、防灾指挥中心等重要建筑，县级广播电视、电力、通信、邮政、金融中心等建筑（设施）发生火灾，已经或可能造成一定损失和影响的。

1.5工作原则

（1）以人为本，减少损失。在处置重大火灾时，始终把保护人民群众生命安全放在首位，保障人民群众财产和公共设施的安全，把火灾损失降到最低限度。

（2）防消结合，以防为主。各有关部门要开展经常性的防火宣传教育，加强防火基础设施建设，整改、消除各类消防隐患，从源头上预防重大火灾的发生。

（3）统一领导，协同作战。在街道办事处的统一领导下，各部门尽职尽责，密切协作，协调有序地开展火灾扑救、人员救治和善后处理工作。

2风险评估

近些年来，据不完全统计，我街道内发生安全生产方面的火灾61起，地点多为出租房等。事故发生原因为电线线路老化、屋内堆放易燃物。虽然未造成人员伤亡，但影响生活、生产，造成局部停产和部分经济损失。辖区发生火灾事故的可能性为“中”，需要密切关注。

3 组织体系及职责

火灾事故应急处置工作在街道党工委、办事处统一领导下，成立××街道火灾事故应急处置指挥部（以下简称街道火灾处置指挥部），协调指导各单位部门、各村、居民区开展火灾事故的应急处置工作。

3.1 指挥机构及职责

3.1.1 街道火灾处置指挥部人员组成

总指挥：街道党工委书记。

指挥长：街道党工委副书记、办事处主任。

副指挥长：负责消防工作街道办事处副主任。

成员：党建工作办公室、城乡建设办公室、社会事务管理办公室、平安建设办公室、公共安全管理中心、街道派出所、街道综合应急救援队、各村两委、街道社区卫生服务中心等负责人。

当指挥长不在现场时，由副指挥长担任临时指挥部的执行指挥。临时指挥部设立前，由最先赶赴现场的党政领导临时负责现场救援的指挥和协调。

3.1.2 街道火灾处置指挥部主要职责

（1）统一领导，部署辖区内火灾事故应急处置工作。

（2）当火灾事故超出处置能力时，依程序请求上级应急支援。

（3）保护事故现场，协助上级部门调查事故原因。

（4）做好火灾事故舆情应对，尽快消除事故影响，维护社会稳定。

（5）修订和发布火灾事故应急处置预案。

3.2 日常办事机构及职责

街道火灾处置指挥部下设办公室作为指挥部日常办事机构，办公室设在公共安全管理中心（以下简称街道火灾应急办），由公共安全管理中心主任兼任办公室主任。街道火灾应急办主要职责包括以下内容。

承担办事处火灾应急救援指挥机构的日常工作，加强防火法律法规的宣传，并督促、指导、协助各村、部门、学校和企业做好防火宣传教育工作。建立健全完善防火应急救援预案，并监督、指导各村、部门、学校、企业制定应急处理预案及防火演练。

接到火灾事故发生报告后，负责向街道火灾处置指挥部指挥长、副指挥长汇报，保持与各工作组成员的联系，随时掌握应急救援进展情况信息，保障整个火灾应急救援工作的有序进行。

负责协调做好抢险救援、事故调查、后勤保障、信息上报、善后处理及恢复生产生活秩序的工作。

3.3 应急联动机构及职责

在火灾处置指挥部的统一指挥下，辖区内发生火灾事故时，建立火灾处置组、应急救护组、后勤保障组、善后处置组、对外联络组。

（1）火灾处置组（公共安全管理中心、派出所、各村及事故单位），主要职责：负责现场火灾隐患的处置，现场维持秩序设置警戒，组织街道综合应急救援队实施救援。当专业消防救援队到达现场时，负责火场周边及外围人员、财产抢险和转移。

（2）应急救护组（街道社区卫生服务中心、村卫生室、各村 / 居民区及事故单位），主要职责：负责现场的应急救护保障工作，对现场轻伤人员实施创伤处置工作，配合专业医疗急救队伍实施紧急处置，负责火灾后的防疫、动物尸体无害化处理等。

（3）后勤保障组（公共安全管理中心、各村 / 社区及事故单位），主要职责：负责救援人员、受灾群众的生活物资供应，提供必要的安置和保障。

（4）善后处置组（城乡建设办公室、平安建设办公室、公共安全管理中心、各村及事故单位），主要职责：负责受伤、遇难人员及家属的接待安抚工作，灾后火场清理和恢复工作，财产损失统计工作、事故理赔工作及火灾事故原因调查。

（5）对外联络组（党建工作办公室、公共安全管理中心），主要职责：负责舆情应对，与上级部门、相关单位联系，负责事故信息上报、事故善后处置进度汇报等。

4 预警预防机制

4.1 监测预报和信息报告

各村（社区）、相关部门单位分别负责本单位火灾事故相关信息的汇总、收集、研究，及时做出预报，重要信息要立即报送。根据各类火灾事故的特征和防范、处置要求，提高对火灾事故预报的准确性和时效性。

4.2 预警措施

公安、消防救援部门依法对消防重点单位场所进行监督检查，会同村（社区）对所属区域内场所进行监督检查。

5 应急处置

5.1 信息报送与通报

（1）任何单位和市民，一旦掌握和发现火情，及时拨打“110”报警电话和“119”火警电话。

（2）所在村（社区）、事故单位接到火灾报警后，要按照预案，在组织灭火救援和应急处置工作的同时，及时掌握和汇总相关信息。一旦发生较大、重大和特别重大火灾事故，必须在规定时间内向街道应急值班室口头报告和书面报告；特大、特殊紧急情况，必须立即报告。

5.2 先期处置

（1）发生初期火灾事故时，个人或事故单位要立即开展先期处置和自救。村微型消防站成员、受过培训的基层人员到达后可快速处置，迅速控制火势，消除危险状态。对于已经形成规模、火势难以控制的火灾，应以专业消防救援队为核心，现场其余人员服从专业消防救援队的指挥，执行保障、配合任务。

（2）区应急联动中心接到“110”报警电话和“119”火警电话后，统一受理，迅速调派专业救援力量，并跟踪核实，视情启动相应的应急预案。

5.3应急响应

按照火灾事故的可控性、严重程度、影响范围和处置要求，建立Ⅰ级（特别严重）、Ⅱ级（严重）、Ⅲ级（较重）、Ⅳ级（一般）4个响应等级，分别应对特别重大、重大、较大和一般火灾事故。

（1）Ⅰ级应急响应。发生特别重大火灾事故时，启动Ⅰ级应急响应，由街道办事处主任赴现场组织指挥工作，在国家、市级、区级指挥机构的统一组织、指挥、协调、调度下进行协同处置。

（2）Ⅱ级应急响应。发生重大火灾事故时，启动Ⅱ级应急响应，由街道办事处主任赴现场组织指挥工作，在市级、区级指挥机构的统一组织、指挥、协调、调度下进行协同处置。

（3）Ⅲ级应急响应。发生较大火灾事故时，启动Ⅲ级应急响应，由街道办事处主任赴现场组织指挥工作，在市级、区级指挥机构的统一组织、指挥、协调、调度下进行协同处置。

（4）Ⅳ级应急响应。发生一般火灾事故时，启动Ⅳ级响应，由街道办事处主任或分管领导赴现场组织指挥工作，在区级指挥机构的统一组织、指挥、协调、调度下，各有关部门和单位密切配合，协同处置。

5.4应急措施

5.4.1 引导协助

引导应急救援人员到现场并配合专业部门开展人员救护、疏散及财务的抢救工作。

5.4.2秩序维护

在事故发生区域周围进行警戒，防止无关人员进入现场，疏散事故现场的群众，及时安置受灾群众。

5.4.3医疗救护

做好伤员救助、救治先期工作，在专业医护人员到达现场后，配合救护受伤人员及护送受伤人员到医院救治。

5.5应急解除

相关应急处置结束后，确认风险隐患已排除，由街道火灾处置指挥部宣布应急解除，转入善后处置阶段。

6后期处置

6.1现场清理

（1）公安、消防救援部门在火灾扑灭后，负责受灾区域的警戒、勘察和维护社会稳定等工作。

（2）火灾事故单位负责火灾事故调查后的现场清理工作，对因火灾导致建筑物倒塌、气体泄漏、水管爆裂、断电漏电、环境污染等的，应立即通知供水、供电、供气和环保部门。

6.2善后处置

村（社区）层面发生火灾事故的，街道会同属地村（社区）安置受害及受影响的人员，保持社会稳定。企业单位层面发生火灾事故的，街道协助做好工作，消除事故影响。

6.3事故调查处理

（1）一般火灾事故，由区消防救援部门负责对现场进行火灾调查、认定火灾原因、核定火灾损失、查明火灾事故责任等。街道消防办配合事故调查工作。

（2）火灾事故善后处置结束后，街道防火应急办要总结事故教训，提出防止类似事故发生的措施，并及时上报街道办事处。

7 保障措施

7.1 通信与信息保障

建立健全火灾事故应急救援信息报告系统，建立完善救援力量和资源信息数据库，规范信息获取、分析、报送，保证各部门之间的信息资源共享。

7.2 应急队伍保障

充分发挥街道综合应急救援队伍，机关团体、企业单位及消防志愿者队伍的作用，提升各单位微型消防站实战能力。

7.3 资金保障

各单位应做好火灾事故应急救援必要的资金准备。

8 监督管理

8.1 宣传教育

街道通过各类平台，发布各类预防火灾事故宣传信息，印制各类消防安全宣传手册或海报，营造浓厚的防火安全学习氛围，增强群众应急意识。

8.2 培训

各村（社区）、相关单位做好应急救援队伍的培训，提高自救、互救能力。

8.3 演练

各村（社区）、企业每年应组织群众、员工开展火灾疏散逃生演练，相关单位负责加强对应急处置队伍的训练，定期开展应急处置预案的演练，提高实战处置能力。

9 附则

9.1 预案管理与更新

随着应急救援相关法律法规的制定、修改和完善，部门职责或应急资源发生变化，以及实施过程中发现存在问题或出现新的情况，街道公共安全管理中心应及时修订完善本预案，上报街道办事处批准后印发实施，有关部门按照本预案的要求履行各自职责，并制定相应预案。

9.2 预案解释部门

本预案由公共安全管理中心负责解释。

9.3 预案实施时间

本预案自发布之日起实施。上一版《×× 街道火灾事故应急预案》同时作废。

10 附件

附件 1：火灾事故应急处置流程图

附件 2：×× 街道火灾处置指挥部成员组成表

典型案例 ××村（社区）火灾事故应急处置卡

序号	事项	行动内容	责任人
1	信息接报	1. 接收火灾事故信息报告； 2. 向乡镇（街道）值班（0537-×××××××）和救援部门（119、120）报告事故时间、地点、事态等基本情况。及时了解详细信息，做好续报	村（社区）负责人；救援站负责人
2	应急处置	1. 组织、协调、指挥现场先期处置；视情况请求支援； 2. 布置现场警戒，阻断相关危险源； 3. 组织人员自救互救、疏散转移； 4. 组织灭火抢险； 5. 救治现场受伤人员； 6. 做好现场宣传引导工作； 7. 配合上级专业救援队伍开展救援工作	村（社区）"两委"负责人；救援站负责人；公安、卫健、消防等部门以及乡镇（街道）现场救援负责人
3	后期处置	1. 保护火灾现场； 2. 配合相关部门开展调查和损失评估认定； 3. 配合做好其他善后工作	村（社区）"两委"负责人；救援站负责人；公安、消防等部门以及乡镇（街道）善后处置工作负责人

第九章　基层应急保障

基层应急保障关乎基层防灾减灾救灾能力。2023年8月17日，中共中央政治局常委会召开会议研究部署防汛抗洪救灾和灾后恢复重建工作。会议强调，要着力提升基层防灾避险能力，完善基层应急管理组织体系，加强和规范基层综合性应急救援队伍建设，为防灾重点区域和高风险乡镇、村组配备必要装备，提升基层自救互救能力。

一、基层应急队伍体系

基层要实行多角色整合，加强安全应急综合处突力量建设。为有效在基层处置突发事件，必须整合有关力量，形成分层分工、能力较强的基层安全应急综合处突力量。

（一）乡镇（街道）应急救援队伍

一般说来，乡镇（街道）可整合在职干部职工、专职消防救援队、民兵等组成一支不少于30人的应急救援队伍。即在乡镇（街道），以平安建设领导小组之下的抢险救援、社会稳定、群众安置、宣传报道职能工作组为牵引，整合乡镇（街道）自身力量、驻在机构与人员、支援力量、社会力量等，建设乡镇（街道）综合应急处突救援队。该队可与民兵队伍联建或一支队伍两块牌子。在队伍能力建设方面，将规范化的应急处突培训内容纳入年度民兵训练科目。

乡镇（街道）可依托现有机构或专职消防队成立消防工作站。各地可因地制宜采取政府投资、社会投资、政府购买服务等形式，全面推进基层应急救援站建设。要针对人口密度、经济发展、产业特点、地域风险等因素，科学选址、合理布局，分类建设应急救援站，与基层现有消防救援力量实现深度融合。结合现有消防救援站、微型消防站、企业专（兼）职消防队建设的，按照“一队（站）多能、拓展融合”的原则，按标准增配相关物资装备。基层应急救援站承担辖区日常安全巡查、宣传教育、服务救助等防灾减灾相关工作，发生灾害事故后及时“救早救小”开展先期应急处置。

（二）基层村（社区）应急响应队

1. 成立基层村（社区）应急响应队

在村（社区）层面，可组建社区综合应急队伍（以下简称社区响应队），配有适合当地灾害救援特点的救援装备，承担日常应急任务。该队伍与村（社区）邻近综合消防救援队伍建立联动机制，并能够有序引导各类社会组织、志愿者参与社区防灾减灾救灾工作。具体来说，要以村（社区）为单位，整合村社本级和网格治理层级的相关人员组建村（社区）第一响应队（或称村社民兵应急分队、村社应急处突志愿队等）。行政村（社区）根据实际情况，组织村（居）民小组长、基干民兵、卫生所（室）工作人员、学校教职工、青壮劳力等，组建一支不少于10人的应急救援力量，负责灾害事故先期处置、受困群众救援、受威胁群众转移撤离等工作。可引入国际国内通行的应急第一响应人能力建设体系，组织开展规范化培训，使相关人员取得第一响应人资格证书；定期组织开展常态化训练，持续提升其维护村社公共安全、社会稳定与应急处突能力。

还可以加强村（社区）楼（栋）长、居民代表、学校代表、医院代表、企事业单位代表、专家学者等参加的其他应急志愿者队伍建设，注重发挥具有医疗、教育、应急等专业技能的居民，以及挂职干部、大学生村官、支教教师等在社区综合减灾中的作用，指导开展风险隐患排查治理、先期应急处置、防灾减灾科普宣传教育、治安巡逻、帮扶弱势群体等工作。

2. 社区响应队组织架构

社区响应队的组织架构应是一套所有响应队队员共同遵循的管理体系。不管社区响应队队员被分配了什么任务，团队合作都是非常重要的。

社区响应队的组织架构是经培训后由各社区自主产生的，并被授予旗帜，组织架构名单要上报当地应急管理部门备案。每个社区响应队组织和培训后，其队员选择一名队长和副队长，确定发生灾害时的碰头地点或集结区。

社区响应队的最基本组织架构是队长下设3个组长：行动组组长、后勤组组长、协调组组长。所有社区响应队队员通过汇报流程链向队长汇报，队长负责向政府救援指挥部报告。

队长工作职能：全面领导事件响应行动；确保队员安全；设定事件响应目标并分派任务；向他人授权；对内和对外发布信息；建立并维系与其他响应机构的联系（如消防、执法部门、公共服务部门及其他社区响应队）；从官方机构得到行动指示。

行动组职责：行动组通常是第一个被指派任务的功能组，负责指挥协调所有事件的响应行动，具体包括救火、搜索和营救，以及医疗救援行动等。通常包括3个灾害响应行动组——消防小组、搜索与营救小组、医疗救护小组。

后勤组职能：后勤组负责管理资源、服务和物资，对社区响应队工作提供后勤支撑保障，具体包括提供通信支持、为团队成员提供食物和医疗支持、管理物资和设施等。

协调组职责：有关方面协调沟通、文档记录和事故信息。协调组要跟进资源状态，制订行动计划，制定备选策略，提供记录服务。

3. 社区响应队队伍建设原则

（1）配备合格的管理团队

队长由社区的日常管理人员、具有较强的应急救援经验和技能，以及积极投身社区响应队事业的社区志愿者担任；行动组、后勤组、协调组组长由具有相关专业知识背景的社区志愿者担任。行动组各小组组长要求有一定的专业知识背景，并经历过多次相关的培训和演练。社区响应队队员一般由所在社区的志愿者构成。

（2）保护救援人员的人身安全

要根据队员能力和受训情况，遵从救援人员自身安全第一的原则调整响应行动的优先顺序。队伍的职能管理层负责工作活动安排并对队员负责。队员采用同伴机制，并根据灾情评估结果实施行动。

（3）制订清晰的管理和组织架构图

制订指挥和职责流程图，并确保队员熟知，从而为响应队提供一个清晰的管理和组织架构。每位社区响应队队员只从一名直接管理人员那里接收或汇报信息。

（4）最大限度提高救援工作的效率

收集灾情后，根据救援人员自身安全第一和尽最大可能帮助最多人的原则，在考虑团队能力和受训情况的基础上，确定社区响应行动的优先顺序。

（三）社区响应队的队员招募与日常管理

1. 社区响应队的队员招募

社区响应队是基层应急志愿者队伍，队员招募应考虑有志愿服务热情、有应急救援救护能力、能在社区发挥第一响应的人员。社区（居委会、村委会、大型企业社区、校园型社区等）的领导机构根据社区的实际情况招募社区响应队队员，如社区干部、社区的工作人员、网格员、物业公司工作人员、保安、医护人员、退役军人、应急志愿者等，或由于灾害事件推动社区志愿者加入并成为社区响应队队员。

2. 社区响应队的日常管理

在完成队员招募工作后，社区的日常管理机构根据社区的灾害风险类型、灾害程度和频次等，与社区应急志愿者协商组建社区响应队，共同开展应急管理能力建设，包括：设立社区响应队组织架构，确定社区响应队队长及行动组、后勤组、协调组组长和行动组内部各处置小组的组长，组建和完善社区响应队的岗位和组织架构；组织社区响应队开展有组织的培训、复训、演练和灾害的处置应对。社区响应队发挥作用，需要通过队伍建设，对社区灾害风险进行识别，对队员和管理者进行培训、复训与多次演练，真正增强防灾减灾意识，增强自救互救能力，灾害响应能力才能提升。

3. 社区响应队的规模与分工

社区响应队队伍人数视社区大小而定。一般情况下，一支队伍人数应在15～30人，这样易于管理、培训、演练，以及事件发生后的快速组织与行动响应等。通常，一个职能小组的规模为3～7人，组员向小组长汇报。例如，社区响应队行动组下的行动小组通常由3～4名队员组成，包括1名负责与指挥部对接的信息联络员，2～3名队员组成搭档以应对即时需求。搜索与营救小组需要至少4名队员，1名充当安全员负责留守在搜救场所外，至少2名队员开搜救行动。当然，根据任务需要，可以扩展组织架构。

行动组各小组的设定和人员构成应视社区的灾害风险类型及程度而定，一般应设立消防灭火小组、搜索与营救小组、医疗救助小组等。若遇到洪水、台风或泥石流等灾害，可根据情况实时改编为抗洪抢险小组、紧急疏散指导小组等。在一个大的社区，也可以组建多支社区应急响应队队伍，形成社区应急响应队总队，以便快速展开应急响应行动。

4. 社区响应队在非灾害时期的任务

社区响应队在非灾害时期的任务包括：组织培训、开展演练；进行应急科普宣教活动，分发备灾材料，并开展备灾示范演练；节日或重大活动提供协助；为有应急需要的邻居与同事提供帮助。

二、避难避险场所

（一）概念

应急避难场所是指，利用公园、绿地、广场、学校操场等场地，经过科学的规划、建设与规范化管理，在突发事件发生时能为社区居民和救援者提供安全避难、基本生活保障及救援、指挥的安全场所。正规的应急避难场所应具备一系列基本功能：救灾帐篷或简易活动房屋、医疗救护和卫生防疫设施、应急供水设施、应急供电设施、应急排污设施、应急厕所、应急垃圾储运设施、应急通道、应急广播、应急标志等；如果条件允许，还应增设应急消防设施、应急物资储备设施、应急指挥管理设施等；必要时，还须设立应急停车场、应急停机坪、应急洗浴设施、应急通风设施、应急功能介绍设施等。

（二）类型

1. 紧急（临时）避难场所

紧急（临时）避难场所是灾害发生后，供社区居民临时或就近避险的场所，也是避难疏散人员集合并转移到固定避难场所的过渡性场所，通常是建筑物附近的小面积空地，如小公园、小花园、小广场、专业绿地、学校操场等。其服务半径应达500米，人均用地面积1.5—2平方米，步行在10分钟之内可以到达。紧急避难场所具有避险与避难的双重功能，应具备一定的生活与紧急救援功能，能够提供临时避难设施、流动医疗设施、应急水电服务设施和厕所等。

2. 固定避难场所

固定避难场所是供避难疏散人员较长时间避难和进行集中救援的场所，

通常是面积较大且可容纳人员较多的公园、广场、体育场馆，大型人防工程、停车场、绿化隔离带，以及抗灾能力强的公共设施、防灾据点等。其服务半径为2000—3000米，人均用地面积2—3平方米，步行0.5—1小时可以到达。固定避难场所是城市避难疏散的主要场所，承担灾民安置与救援的重要功能，应具备一定的救援能力，拥有较为完善的生活配套设施，使灾民能够较长时间地生活。

3. 中心避难场所

中心避难场所是指规模较大、功能较全、起避难中心作用的固定避难场所，通常可选择城市防灾公园、城市运动公园等。其服务半径应为5000米，面积在0.5平方千米以上。中心避难场所是城市避难的中心场所，应具备非常完善的避难功能。除具有避难需求的所有功能外，场所内一般还设抗灾救灾指挥机构、通信设施、抢险救灾部队营地、直升机坪、医疗抢救中心和重伤员转运中心等，是灾难发生时各项应急救援工作的指挥管理中心。

（三）设施建设

应急避难避险场所设施建设有的属于上级政府的职责，有的由基层因地制宜负责建设和运维。应急避难避险场所设施建设的要求包括以下7个方面。

第一，辖区内学校、医院、生命线系统等重点设防类设施按高于本地区抗震设防烈度一度的标准加强其抗震措施，其他重大工程依据地震安全性评价结果进行抗震设防，主要建（构）筑物均达到当地抗震设防要求。

第二，结合社区常见灾害类型和风险等级，充分利用公园、广场、城市绿地、学校、体育场馆、社区综合服务设施等已有设施，通过改扩建、新建等方式推进应急避难场所建设，鼓励因地制宜、资源共享、综合利用，满足居民紧急避险和转移安置需求。在应急避难场所、关键路口等醒目位置，设置安全应急标志或指示牌，张贴应急疏散路径示意图。采用“平急结合”

方式新建一批布局合理、功能复合的防灾避险绿地。

第三，依托社区卫生服务机构建立社区医疗救护站，提供急救服务。

第四，各类建筑依据国家消防技术标准，设置消防设施，配备灭火器材，积极运用消防远程监控系统、电气火灾监测、物联网技术等技防物防措施。定期对消防设施设备进行检测和维护保养，确保其完好有效。

第五，设有符合建设要求的社区微型消防站，队员由受过基本灭火技能训练的保安员、治安联防员、社区工作人员等担任。

第六，社区消防车通道符合国家消防规范，建筑之间不违章搭建建（构）筑物，不占用防火间距、消防车作业场地，不设置遮挡排烟窗（口）或影响消防扑救的架空管线、广告牌等障碍物。居住区绿化应避免遮挡排烟窗（口）或对消防扑救造成影响。

第七，建有基层灾害事故预警系统，实时监控辖区内自然灾害、生产安全、火灾、高空坠物等风险，能够迅速发布当地气象、洪涝、地质、火灾等灾害事故预警信息。结合使用大数据、自媒体等新技术、新手段和大喇叭、吹哨子等传统手段，确保预警信息在短时间内覆盖社区全体居民。

三、物资储备

基层应急物资储备要解决“储什么”“储多少”“谁来储”“怎么储”等问题。为提高突发事件应急物资保障能力，基层应急物资储备要实现科学化、标准化、规范化，建成统一领导、分级管理、规模适度、种类齐全、多元协同、反应迅速的基层应急物资保障体系。

（一）主要内容

1. 建立社区应急物资储备点

备有救援工具（如铁锹、撬棍、救援绳索、担架、灭火器、防洪沙袋、水泵等）、应急通信设备（如喇叭、对讲机、警报器等）、照明工具（如手电筒、应急灯、移动照明、小型发电机等）等，并做好日常管理维护和更新。

2. 建立应急物资社会储备机制

积极与社区内及邻近超市、企业等合作开展救灾应急物资协议储备，保障灾后生活物资和应急救援设备等供给。

3. 鼓励和引导居民家庭储备必要的应急物品

如逃生绳、灭火器、手电筒、常用药品等，推广使用家庭应急包。

（二）工作原则

1. 安全第一，预防为主

坚持“人民至上，生命至上”，坚持底线思维，坚持“宁可备而不用，不可用而无备”，推动应急物资保障模式向事前预防转型，提高防灾减灾救灾和急难险重突发公共事件处置保障能力。

2. 统一领导，分级负责

在上级党委和政府的统一领导下，乡镇（街道）、村（社区）分级储备，各有侧重、相互补充、相互支撑。

3. 实战导向，科学引领

坚持立足实际、突出实战、注重实效，针对多层级、多部门、多场景，聚焦保一线、保急需、保重点，选取最常用、最重要物资加以储备。开展应急物资需求评估，科学测算各级应急物资储备种类、数量、方式，确保规模适度、结构合理。

4. 采储结合，节约高效

密切结合物资使用需求、物资特性、市场供给情况等多种因素，综合运用实物储备、协议储备等多种储备方式，提高应急物资使用效率，提升应急物资储备效能。

5. 因地制宜，分类储备

根据本地区主要灾害事故类型，有针对性地储备应急物资。

（三）储备品种

应急物资储备的重点各有不同：镇级储备侧重承担辖区内一般规模突发事件保障任务；村级储备侧重保障基层干部第一时间开展灾害预警、通信联络、转移安置、初期处置等。储备品类主要分为5类（见表9-1）。

表 9-1 基层应急物资储备品类

储备大类	储备分类及具体内容
救援通用类	1. 现场照明：应急探照灯；移动式升降照明灯组；防水灯；手电筒；头灯；强穿透照明设备等 2. 现场警戒：警戒标志杆（柱、牌）；警戒带；警示灯；发（反）光标记等 3. 通信器材：对讲机；卫星电话；手持扩音器等 4. 通用工具：普通五金工具；铁锹（铲）；铁（钢）钎；斧子；十字镐；大锤；挠钩；撬棍；滚杠；绳索；电钻；电锯等 5. 通用防护：安全帽（头盔）；安全警示背心；手套；雨衣；水靴；呼吸面具；防护镜等 6. 应急动力：汽柴油发动机；燃油发电机组；应急发电车（轮式、轨式）；应急电源车；小型便携式电源、移动发电机等 7. 生命搜索：生命探测仪（声学、电磁、化学、红外线、视频）等 8. 伤员固定与转运：颈托；躯肢体固定托架（气囊）；担架等
防汛防旱防风类	1. 水下营救：救生圈；救生衣；漂浮绳等 2. 水上运输：冲锋舟；橡皮艇；船外机等 3. 防水防雨作业：彩条布；防水卷材；防渗布料；防水材料等 4. 防洪排涝作业：编织袋；麻袋；覆膜编织布；快速膨胀堵漏袋；防洪子堤；钢丝网兜；铅丝网片；木桩；快速装袋机等 5. 水工工程作业：潜水泵；大功率供排水装置；排水管材等 6. 防冻作业：除冰车；破冰机；融雪剂；防滑链；防滑鞋；防冻手套；防滑草垫（麻袋）等
防灭火（火灾）类	1. 消防防护：消防（防火）头盔；消防（扑火）手套；消防靴；避火服（防火服、阻燃服）；隔热服、扑火防护面罩等 2. 火灾处置：消防水车；消防水泵；水带；转换接头；二号工具；油锯；灭火器；风力灭火机；移动式排烟机；无人机等

续表

储备大类	储备分类及具体内容
安全生产事故类	1. 个人防护：防护服；防护口罩；防护眼镜；防护鞋帽；乳胶手套或橡胶手套；正压氧气呼吸器；压缩氧气自救器等 2. 危险化学品处置：强酸、碱洗消器（剂）；洗消喷淋器；洗消液均混罐；移动式高压洗消泵；高压清洗机；洗消帐篷；生化细菌洗消器（剂）；泡沫灭火剂；干粉灭火剂等 3. 堵漏作业装备材料：金属堵漏套管；管道密封套；堵漏枪；堵漏工具（注入式、粘贴式、电磁式、柔性施压式、气动吸盘式）；堵漏密封胶；木制堵漏楔；管道粘结剂；堵漏袋；下水道阻流袋等 4. 污染物收集：抽吸泵；排污泵；移动拦截工具；移动存储设施；有毒物质密封桶；污水袋；吸附袋；活性炭；吸油毡；围油栏等 5. 破拆起重：切割工具；扩张工具；破碎工具；牵拉、液压和气动顶撑；葫芦、绞盘、千斤顶等 6. 工矿事故应急处置：便携气体分析化验设备；惰性灭火装置；快速密闭；局部通风机等
生活救助类	1. 居住类：帐篷（含指挥帐篷）；彩条布；移动桌椅；净水机等 2. 床上（坐卧）用品类：防潮垫 / 凉席；折叠床；毛毯 / 毛巾被；棉被 / 睡袋等 3. 照明类：手电筒 / 应急灯 / 帐篷灯；电源插座、手机充电线、移动电源；充电宝；发电机等 4. 衣着类：常服（婴儿、儿童、成人）；防寒服 / 棉衣裤（婴儿、儿童、成人）等 5. 食品类：餐具（碗 / 饭盒、筷子、勺子、杯子）；方便面 / 面包 / 饼干、饮用水；婴儿奶粉等 6. 卫生用品类：应急包；脸盆 / 水桶；垃圾袋；洗漱用品（毛巾、牙刷、牙膏）；肥皂；纸巾；婴儿卫生用品；女性卫生用品等

（四）储备方式

应急物资储备包括实物储备和协议储备。基层应急物资储备以政府实物储备为基础、协议储备为辅助。

1. 实物储备

实物储备是指，政府及其相关职能部门以实物形式储存在仓库中，当突发事件发生后随时可调用的应急物资储备。实物储备重点面向适宜长期储存、市场较为稀缺的应急物资，确保突发事件发生后能够第一时间调用，同时要合理控制实物储备规模，避免大量资产的长期闲置甚至浪费。

2. 协议储备

协议储备是指，政府及其相关职能部门与应急物资所有者签订协议，保证在突发事件发生后按照协议约定，能够第一时间租用、调用的应急物资储备。协议储备重点面向不宜长期储存、使用率不高、储存成本高、市场供应充足的应急物资，避免应急物资长期闲置或过期报废，同时要加强协议储备管理，确保应急物资储得好、调得出、供得上。

四、科普宣教

加强基层应急科普宣教意义重大。应加强安全公益宣传，健全公共安全社会心理干预体系，积极引导社会舆论和公众情绪，动员全社会的力量维护公共安全。

（一）基本要求

第一，有相对固定的科普宣传教育场地，鼓励有条件的社区建设综合减灾科普宣传教育基地或应急体验馆，定期向社会开放，为中小学生、老年人、残障人士等不同社会群体提供体验式、参与式科普宣传教育服务。

第二，综合利用乡镇（街道）、社区综合服务设施和社区多功能活动室、会议室、图书室等，设置防灾减灾科普宣传教育专区，张贴防灾减灾法律法规和有关常识宣传挂图、灾害风险图、隐患清单、应急预案流程图等，方便居民学习了解。

第三，充分发挥广播、电视、手机等载体的作用，做好经常性综合减灾科普宣传教育工作。积极开展群众性综合减灾文化创演活动，鼓励文艺团体、业余文艺演出队进行相关文艺创作。

第四，定期开展符合当地特点的综合减灾培训，发放社区和家庭应急指导手册，提升居民应对地震、洪涝、台风、强对流天气、地质灾害、火灾、燃气、交通等不同灾害事故的逃生避险和自救互救技能。

第五，结合全国防灾减灾日、全国科普日、全国消防日、安全生产月、国际减少灾害风险日、世界气象日、世界地球日等，以及农闲、节庆、集市、庙会、民俗活动和外出务工人员返乡等时机，每半年至少集中开展一次防灾减灾救灾、安全生产、消防等大型科普宣传教育活动，并保证社区居民参与率在10%以上。

第六，鼓励辖区内企业开展“公众开放日”活动，邀请社区居民走进企业，近距离接触生产、了解生产，为企业安全管理建言献策。

（二）主要抓手

一般来说，可以将安全应急宣传作为重要内容纳入全国综合减灾示范社区、全国综合减灾示范县、全国科普示范县（市、区）和安全发展示范城市创建的评定工作；发挥社区内医院、学校、企事业单位及社会应急力量、社区安全网格员在安全宣传中的作用；建立社区专兼职安全宣传员制度，从社区居委会、小区业主委员会、物业公司等，选取熟悉社区和居民状况的人员，担任安全宣传员、监督员，鼓励社区党员、退休职工、教师等加入安全应急宣传志愿者队伍；结合社区规约，鼓励制定《社区安全行为规范手册》。

还有一个重要抓手是通过安全韧性社区建设，推动社区安全应急文化建设。例如，建立社区安全宣传机制，提升社区居民安全素质和应急能力。不断加大社区公益宣传力度，深入普及生活安全、交通安全、消防安全常识以及应急避险、自救互救技能。发挥新媒体平台优势，结合社区特点开展示范性、浸润式安全宣传，营造安全稳定的社会生活环境。

在农村社区，可利用农闲、节庆、集市、庙会等民俗活动和农民工进城、返乡等时机，针对务工青壮年、农村留守老人、儿童、妇女和孤寡、智力残障等不同人群，开展精准化安全宣传和咨询服务，有针对性地普及灾害应对和建筑施工、道路交通、水上交通、火灾等方面的安全知识。

典型案例 基层应急响应队伍建设

广西八桂："四化"打造应急先锋社区响应队

近年来，广西积极推进八桂应急先锋社区响应队"四化"建设，充分发挥八桂应急先锋社区响应队"安全员、监测员、第一响应人、联防员、宣传员"的五大作用。

有序推进"四化"建设。**一是狠抓队伍建设网格化。**按照"立足基层、本土为主"的原则，指导每个社区组建一支由20人到30人组成的八桂应急先锋社区响应队。队长由居委会主任担任，指导员由辖区消防大队人员担任，队员由社区管理人员、常住人口且工作热情高的人员组成。在住宅小区和自然屯（或村民小组），以"社区响应队＋住宅小区分队"的模式，在较大的社区成立多支5人到10人组成的住宅小区分队，将应急管理的触角向下延伸到社区的每个角落。**二是狠抓队伍管理规范化。**印发《广西壮族自治区八桂应急先锋社区响应队建设指导意见》，规范八桂应急先锋社区响应队的组织架构、职责定位、日常管理、培训演练、工作考核等建设内容。要求各市、县（区、市）根据本地区实际情况分别制定监测预警、信息报告、队伍集结、应急响应、灾后重建等各项工作制度，将责任落实到岗到人，明确先期处置的具体行动措施。**三是狠抓队伍培训专业化。**实施统一培训教师、教材，采取集中培训的方式，对所有队员进行全覆盖的培训，力争达到专业化培训，有效提高队伍应急救援知识和技能，解决八桂应急先锋社区响应队队伍人员流动性大、素质参差不齐等问题。**四是狠抓队伍保障标准化。**坚持统一培训教材、统一培训标准、统一培训师资、统一培训对象、统一队旗队服，并积极探索有效的社区应急响应队管理和发挥作用模式。如：今年南宁市属县（区）各级财政共投入500多万元为7166名八桂应急先锋社区响应队员配备队伍作训服、马甲、帽子、队旗，树立了队伍的良好社会形象。

有效发挥"五大作用"。**一是发挥安全员作用查隐患。**对辖区内生产经营单位，尤其是“三小场所”（小商铺、小作坊、小娱乐场所）进行巡查检查，及时劝导和制止存在安全生产隐患和非法违法生产经营建设行为。**二是发挥监测员作用及时转移群众。**指导队员开展社区灾害风险识别、排查活动，建立社区风险隐患清单，制作社区灾害风险示意图，设立风险警示标示牌，认真负责本社区应急避难场所设施设备、物资的管理；加强滑坡点、内涝点的监测监控。在出现险情时，第一时间启动应急预案，第一时间采取防范措施，第一时间动员群众、组织群众、撤离群众。**三是发挥第一响应人作用救群众。**社区发生突发事件后，队员发挥身处危急现场第一线优势，在最短时间迅速响应到位，立即组织开展先期处置，有效救助社区脆弱群体和受灾群众，将人员伤亡和财产损失减小到最低限度，如：2019年7月13日，桂林市雁山区草坪回族乡草坪村八桂应急先锋社区响应队在草坪村洪水涨势迅猛、断电断水、通信无法联络的情况下，不等不靠，迅速有序组织队员开展应急救援工作，排查风险，转移人畜，抢救群众财产。**四是发挥联防员作用守护社区安全。**作为社区联防队员，在社会治安、公共卫生安全方面保障社区安全。如：新冠疫情暴发以来，队员积极参与人员摸排、设卡防控、卫生整治、防控知识宣传等工作，为取得疫情防控胜利发挥了重要作用。**五是发挥宣传员作用送应急知识进万家。**利用“全国防灾减灾日”“安全生产宣传月”等时机和开展常态化宣传活动，向群众发放应急避险、安全生产宣传资料，利用社区微信群等渠道广泛宣传，提高群众防灾减灾意识和自救互救能力。

河南建立健全基层消防“一队一中心”

2021年6月25日，河南省商丘市柘城县震兴武馆的一把火造成18人死亡、11人受伤，一时震惊全国。2021年下半年，河南省人民政府办公厅印发《关于加强基层消防力量建设的通知》，在乡镇（街道）全面建设专职消防救援队和消防安全服务中心，简称“一队一中心”建设。

在《乡镇消防队》（GB/T 35547—2017）的基础上，河南增设高于一级乡镇专职消防队的全国重点镇专职消防救援队建设标准；一、二级乡镇专职消防救援队针对基层灭火救援需求，全部提升车辆装备配备标准；可建设志愿消防队的乡镇，全部按二级乡镇专职消防救援队标准建设。截至2021年底，全省所有乡镇（街道）全部挂牌成立了消防安全服务中心，到2022年底，城市消防站保护范围外的乡镇（街道）已分3个批次全部建成专职消防救援队，逐步消除乡镇（街道）专职消防力量盲区、盲点。

全省2453个乡镇（街道）消防安全服务中心于2021年12月底全部建成运行。151个全国重点镇专职消防救援队和177个一级乡镇专职消防救援队、620个二级乡镇专职消防救援队建成投勤。

在机构设置方面，市、县两级编制部门累计下发基层消防力量建设文件196个，各地消防安全服务中心分别依托党政办、综治中心、综合执法队等机构挂牌成立。明晰工作职责，消防安全服务中心承担辖区防火巡查、消防安全宣传、教育培训等工作，参与督促火灾隐患整改；乡镇专职消防救援队充分发挥“一队三员”作用，承担火灾扑救和应急救援任务，参与防火巡查、消防宣传等工作。理顺领导体制，乡镇政府、街道办事处负责“一队一中心”管理，明确一名班子成员兼任乡镇专职消防救援队队长、消防安全服务中心主任，建立落实管理使用、考评奖惩等制度。

在人员配备方面，明确编配标准，按照全国重点镇专职消防救援队和一级乡镇专职消防救援队不少于15人、二级乡镇专职消防救援队不少于10人、消防安全服务中心不少于3人的标准，配备“一队一中心”专职工作人员，其中在编人员分别不少于2人。严格招录程序，由市级编制、人社、消防等部门单位联合制定招录办法，县级政府统一组织招录；乡镇专职消防员参照国家综合性消防救援队伍消防员招录模式，实施体能考核、心理测试等适应性考察。优化人员结构，消防安全服务中心重点招收法律、建筑、化工等专业和具备注册消防工程师资格的人员；乡镇专职消防员优先录用退役军人和消防救援队伍退出人员。

在装备建设方面，为乡镇消防救援队伍设置独立营区，按照突出重点部位、便于响应出动的原则，新建乡镇专职消防救援队营区249个，利用原有建筑改建699个，所有消防安全服务中心全部落实办公场所；同时设置消防安全服务中心和乡镇专职消防救援队的“一队一中心”合署办公。配足车辆装备，全国重点镇和一级乡镇专职消防救援队消防车全部达到2辆以上。

在制度保障方面，强化经费保障，各地将“一队一中心”建设运行经费纳入财政预算，通过市县补贴、分级承担、以奖代补等方式予以保障。落实工资待遇，按照不低于当地上年度城镇单位在岗职工平均工资水平，核定“一队一中心”人员工资标准。完善优抚政策，河南省政府明确“一队一中心”工作人员因公受伤、致残、牺牲的，按照国家和省、市有关规定给予抚恤。

河南省消防安全委员会印发《消防安全服务中心工作指南（第一版）》，明确消防安全服务中心岗位设置、工作职责、制度要求，细化社会单位“六查六看”、九小场所“五查三清”、居民住宅“五查一拉动”等巡查要点，规范巡查指导“三表一书”，即社会单位防火巡查记录表、居民住宅小区防火巡查记录表、行政村（社区）指导记录表和火灾隐患整改告知书。

河南省消防救援总队研发应用的“一队一中心”消防服务信息系统和手机App已开通。全省消防安全服务中心工作人员和基层网格员需每天录入工作情况，省、市、县三级消防救援队伍实时掌握动态、跟进指导。总队还明确46项务实管用的宣传内容，利用21.5万个乡村“大喇叭”、宣传栏常态化发布。

河南：民兵队伍与应急救援力量相协同

河南省军区战备建设局、省军区政治工作局和省应急管理厅三部门联合发布《关于建立行政村（社区）民兵连和村级应急救援队伍联动机制的通知》（以下简称《通知》），着力提升行政村（社区）民兵连建设质量，健全完善基层应急管理体系，推动民兵队伍和地方应急力量全方位、深层次、立体化深度融合，努力形成互帮互助、优势互补、共同发展的新格局。

联动机制依托民兵连在行政村（社区）广泛推行“一站两员”应急管理模式——设立行政村（社区）安全劝导站，安全劝导员和灾害信息员，并由行政村（社区）党支部书记、村委会主任和民兵连指导员负责安全劝导站工作，安全劝导员和灾害信息员原则上从民兵骨干中优先选拔，主要负责安全劝导和灾害信息上报工作。

《通知》同时要求，黄河滩区、旱涝灾害和地质灾害多发区、林业重点区、生产经营单位集中区等重点区域的行政村（社区），依托民兵连组建10—20人的村级应急救援队伍，所需队员从长期在位民兵中优先选拔。民兵连党支部负责安全劝导站和村级应急救援队伍日常教育管理，各级应急管理部门负责抢险救灾业务培训，定期组织安全劝导站站长、应急救援队骨干和民兵骨干业务轮训，提升抢险救灾专业技能。行政村（社区）民兵遂行抢险救灾、专业救援等任务所需应急装备纳入地方应急管理保障体系，安全劝导站、村级应急救援队伍所需经费、物资、装备均予以充分保障。

总体来看，行政村（社区）民兵连和村级救援队伍联动机制是加强基层应急管理体制建设的有益探索，建立应急联动机制，与“一村（格）一警一连”等工作捆在一起抓、合在一起用，能够有效打通应急管理“最后一公里”，提升基层防灾减灾救灾能力，保障好群众生命财产安全。

典型案例　中国乡村发展基金会的应急小站项目

2021年7月中下旬，河南省遭遇极端强降雨，造成多地市不同程度的人员伤亡和财产损失。自2021年12月以来，中国乡村发展基金会重建项目组在河南省鹤壁市、洛阳市等多地开展多轮需求调研。经调研了解，灾害多发易发地区乡村防灾备灾体系相对薄弱，急需补充乡村备灾库物资储备品类，提升救灾物资管理规范性，以及加强村民安全意识和理念普及培训。针对这些问题，中国乡村发展基金会发起应急小站项目，该项目通过援助资金支持受灾地区村庄应急小站物资储备、机制建设、应急演练及培训，助力当地乡村备灾体系搭建，提升应急救援能力。

1. 研发指导手册，为基层应急能力建设提供工具

为提升基层响应能力，中国乡村发展基金会开展应急小站项目，联合中国灾害防御协会研发《乡村应急小站标准化建设指导手册》及《乡村应急小站第一响应人队伍建设指导手册》，为项目开展提供标准。小站建设手册包含：建设依据、适用范围、小站功能、建设要求、制度建设配置基本标准等内容。队伍建设手册包含：术语定义，建设目的，组建原则，主要任务，建设要求，队伍应急响应及队员快速响应机制，先期处置、应急处置、事后处置及服务保障机制，队员配置标准及岗位设置，队伍培训、演练、考核建设，物资配备标准及清单，第一响应人培训队伍培训课程体系等内容。

2. 助力政府统一指挥调度体系，推动多方参与的基层应急响应

近两年，项目在河南省、四川省两省5市10县/区188个村/社区开展，受益人数达85.88万人次。建设过程中，小站联合各市县应急管理局，通过地理位置、人口规模、危险源分布、灾害事故特点等因素选定建设点，以《乡村应急小站标准化建设指导手册》为标准，对备灾物资及设备进行定制化配备。各小站均配备必备通用器具、通信设备、个人防护、后勤保障等类型物资，同时根据各村所在地区灾害风险特点选择适用的救援装备，基本

满足灾害发生时第一时间的使用需求。

3. 以赛促训、以赛促建，创新激发村民内生动力

第一响应人队伍建设以《乡村应急小站第一响应人队伍建设指导手册》为标准，帮助各村组建第一响应人队伍，并开展第一响应人指挥长及核心队员能力建设培训活动，从灾害风险及隐患识别、队伍分工与职责、队伍指挥与安全管理、灾害信息对外沟通、常见救援场景的指挥与判断进行、常见急救技能和自我防护、小站装备使用技能七大方面提升队伍专业能力。

开展第一响应人队伍大比武活动及演练，通过以赛促训的方式，展示队员风貌和专业技能，检验培训成果，激发队员自救互救守护家园的主动性，提高队伍的应急处置能力和社会动员能力。

应急小站项目采用物资配备与队伍建设相结合的模式，通过探索制定的应急小站建设标准和队伍建设指导手册，为乡村备灾体系建设提供了脚手架；项目的实施提升了基层防灾备灾能力和应急处置能力，打通了应急管理的“最后一公里”。

第十章　基层应急演练

应急演练是检验和提升应急预案科学性有效性最基本、最常用的手段，也是提升基层应急能力的不二途径。2009年，国务院原应急办公室印发的《突发事件应急演练指南》等规范要求，每半年至少开展一次以防火、防震、防洪、防地质灾害、防台风等为主要内容的社区应急演练，做好充分的演练准备，明确演练重点检验内容，包括组织指挥、隐患排查、监测预警、灾情上报、人员疏散、转移安置、自救互救、善后处理等环节。要通过多种方式积极吸纳社区居民、社区内企事业单位、社会组织和志愿者等广泛参与，尤其要争取更多中小学生参加，充分发挥“小手拉大手”的作用。要根据社区灾害事故风险变化、社区实际以及应急演练中发现的问题，及时修订应急预案，不断提升预案的针对性、适用性、操作性。

一、概述

（一）定义和作用

《突发事件应急演练指南》规定：应急演练是指各级人民政府及其部门、企事业单位、社会团体等组织相关单位（以下统称演练组织单位）及人员，依据有关应急预案，模拟应对突发事件的活动。可以认为，基层应急演练是指基层以假定的突发事件场景为驱动，组织相关人员依据有关应急预案和应急规范开展的应对突发事件的练习活动、评估活动与改进活动。每一个演练周期从计划开始到改进结束，一个周期结束，下一个周期再开始，如此循环往复，推动应急体系能力不断优化（见图10–1）。

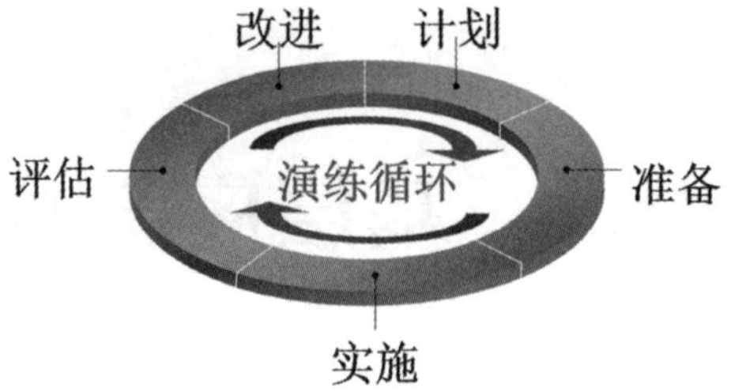

图 10–1　应急演练循环

1. 基层应急演练是国家应急管理的法定要求

2007年颁布实施的《中华人民共和国突发事件应对法》第二十九条规定：县级人民政府及其有关部门、乡级人民政府、街道办事处应当组织开展应急知识的宣传普及活动和必要的应急演练。居民委员会、村民委员会、企业事业单位应当根据所在地人民政府的要求，结合各自的实际情况，开展有关突发事件应急知识的宣传普及活动和必要的应急演练。2009年，国务院原应急办公室编制了《突发事件应急演练指南》，在法律和国家层面上，体现了突发事件应急演练的重要位置。2013年9月，国家减灾办印发《全国综合减灾示范社区标准》，把“有经常性应急演练”作为9个条件之一，把“开展应急演练”作为评定示范基层的10个一级指标之一。

2. 基层应急演练是完善应急管理体系的重要手段

演练有助于完善应急管理工作系统，包括以下4个方面。

（1）完善预案

通过演练检验与评估具体的工作预案和程序，即检验预案和操作规程是否合适，有何需要改进之处。

（2）明确职责

明确在一定工作环境中的人员和机构的责任、职责，即通过演练使有关人员和机构更加明确自己在有关情境下的职责。

（3）磨合机制

通过演练检验和改进基层与辖区内单位、工作人员、专业力量等与辖区群众之间的协作、合作机制。

（4）人机协调

通过演练提高人与技术系统（如应急通信系统、应急平台）的协调与整合的水平。

3. 基层应急演练是提高人员应急能力的重要途径

人是突发事件应对的主体，是突发事件应对的根本力量。在物资条件不足或非常规突发事件面前，人的作用就更加重要。现代应急演练在提高人员能力方面的作用主要体现在以下3个方面。

（1）提高应急处置者的个人能力

演练可以使有关人员在练习中端正态度，明确职责，增进应急处置知识和经验，提高相关的工作技能。演练会从多角度帮助参演者积累处置经验，学习处置方法，提高心理承受力。所有这些都将有助于提高参演者的分析能力、决策能力、协调能力、沟通能力、自救互救能力等。

（2）提高应急处置集体的能力

综合应急演练是一个跨单位和行业的合作性工作，因此可以把演练全过程当作一个构建应急管理学习网络的过程。通过演练相关工作，基层居委会、基层物业管理、志愿者组织、辖区单位和基层居民等不同单位和部门的人员都可得到不同程度的锻炼，并相互熟悉起来。参演各方交流得越充分、越自如，就越能够彼此熟悉，越能够从彼此身上学到更多的东西，对于日后处置突发事件时的合作就越有益处。因此，如果从构建社会网络的角度来看待演练相关工作、推动演练相关工作，就会发现演练是提高应急管理系统集体能力的主要手段。

（3）提高基层居民和基层弱势群体的应急自救互救能力

基层居民通过接受演练过程中的应急知识宣传，参与或观摩有关演练行动，提高防灾减灾意识，增长应急知识，提高自救互救能力。

（二）类型

按照组织形式划分，应急演练一般可分为桌面演练和实战演练。

桌面演练。利用文字材料、地图、沙盘、视频资料等方式描述突发事件场景，引导参演人员口头或书面提出应急处置决策和行动意见的方式。桌面演练通常在室内完成。

实战演练。通过布置生动逼真的突发事件现场，引导参演人员利用应急处置相关工具和物资，通过实际决策、行动和操作，完成真实应急响应。实战演练通常在模拟或真实的应急指挥点、在模拟的突发事件发生场所等地点举行。

根据基层应急演练的参演主体差异，基层应急演练可以分为以下4类。

1. 指挥点桌面演练

指挥点桌面演练是指利用文字材料、地图、沙盘、视频资料等方式描述突发事件场景，引导参演人员口头或书面提出应急处置决策和行动意见的方式。指挥点桌面演练相对易于准备和组织，主要用于熟悉预案和职责、初步了解应急处置过程等学习目的，适用于基层居委会、基层物业管理等工作人员分析与研判应急形势、提出应急处置决策和部署群众的自救互救。

2. 救援技能演练

救援技能演练是指利用专业器械或者专业知识和方法，针对单项救援能力（如灭火、包扎、心肺复苏）的专业性操练。救援技能演练主要由拥有某些器械和掌握某些知识的特定群体参演，目的是训练和提高某项专业技能，需要充分的经费保障、必要的技术支持和严格的安全保障。适用于基层志愿者的准专业化救援、辖区单位的专业化救援等演练。

3. 自救互救演练

自救互救演练是指在官方救援力量尚未到达时，受灾群众利用事发现场的各种资源，保护自己的生命和财产安全，并对自己和他人的受伤受困施行初步的救援或救护。自救互救演练，目的是让群众掌握紧急避险、逃生和现场救护的知识，提高群众在伤残和受困状况下的施救能力，防止伤势恶化，抢救生命，降低死亡率和伤残率，需要一定的专业指导和必要的安全保障。适用于基层居民和学校学生为提高自救互救能力而进行的紧急避险、疏散、灭火、心肺复苏等演练。

4. 综合应急演练

综合应急演练是指通过布置生动逼真的突发事件现场，引导多种参演主体在特定场所开展应急决策、行动和操作，达到多种演练目的的综合演练。综合应急演练的目的是检验预案、训练和检验多种参演主体在应急状态下的应对突发事件能力和相互协作能力，需要充分的经费保障和严格的安全保障。适用于由基层居委会、基层物业管理、志愿者组织、辖区单位和基层居民和学校学生等广泛参与的略有规模的综合实战演练，如某类突发事件综合应急处置演练、防灾运动会等。

通常情况下，基层指挥点桌面演练以桌面演练形式展开，基层救援技能演练、自救互救演练、综合应急演练主要以实战演练形式展开。

二、计划

制订一个较为完整的应急演练计划（不是简单的演练项目进度计划或进度表），需要首先开展一系列基础工作：分析需求、界定范围、确定目的、选择目标、制订项目进度计划等，然后将各项工作的成果整合，形成应急演练计划（见图10–2）。

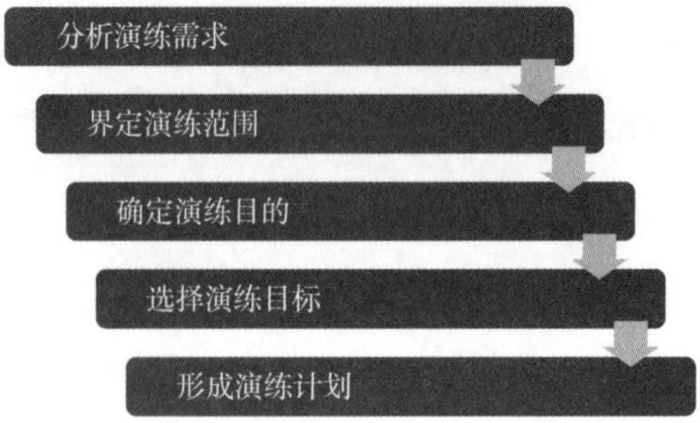

图 10-2　编制基层应急演练计划步骤示意

（一）分析需求

分析演练需求就是系统地了解为什么要演练、演练什么、希望怎样演练等问题。

1. 组织需求

分析组织需求就是充分了解、清楚掌握此次演练的目的，明确通过演练想解决哪些问题、提高哪些能力、改进哪些工作。需要了解的关键信息主要有：上级领导的意图和要求，长期系列演练规划，以往的突发事件处置或演练的总结报告或改进计划，威胁、危害或风险的分析与评估报告（见表10-1），相关的预案和程序，有关的资助协议或合作协议要求等。在对以上关键信息分析的基础上，确定参演组织机构的总体应急能力要求是什么，当前实际能力与期望能力的差距在哪里，本次演练需要重点提高哪些能力等。

表 10-1　主要风险源与突发事件风险（以某社区为例）

风险源	可能出现的突发事件
社区出入口	容易诱发交通事故
地下停车场	雨水多发季节引发内涝现象
高层住宅楼	容易引发火灾、坠物、坠亡事故
民用电梯	电梯故障引发人员伤亡事故
家庭石油液化气	气体泄漏导致火灾及爆炸事故
家用电器	导致火灾和触电事故
社区高暂住率（20%）	可能引发盗窃、抢劫等社会安全事件

续表

风险源	可能出现的突发事件
社区老龄化严重（17%）	可能出现老人迷路、老人受骗等事件
辖区餐饮场所、学校、菜场	可能会发生传染病疫情、食物中毒等突发公共卫生事件

2. 个体需求

参演者是应急演练的对象和主体，无论是提出演练目的、目标，确定演练内容、范围，还是选择演练方法，都要考虑参演者，尤其是弱势群体（儿童、老人、残障人士等）的个体需求和实际水平。

了解参演者个体需求是掌握演练参演者对应急演练的期望和要求。例如，基层工作人员可能希望通过参加应急演练，提高自己的形势研判能力、决策指挥能力和危机沟通能力等。成建制指挥点成员可能更多地希望通过应急演练增强他们的团队合作能力和沟通协调能力。居民希望提高自救互救能力。

分析参演者水平是了解参演者个体需求的重要方面。参演者水平主要是指，参演者在参加应急演练之前是否参加过相应的应急培训和演练、是否具有实际应急处置经验等，具体包括年龄特点、实践基础、学习能力及其他因素。

分析参演者个体需求一般可以通过召开座谈会、问卷调查、个别谈话、查看档案、阅读预案等方式进行。

3. 综合结论

通过上述调查与分析，就可以在充分了解组织需求和参演者个体需求、客观需求和主观需求的基础上，综合得出需求结论。

（二）界定范围

演练范围的核心要素主要包括：演练事件类型、等级假定；参演的层级、机构和人员；演练时间、地点；持续时间；观摩、宣传等附带活动范围。其他需要考量的因素包括：演练的经费预算；可动用的人员和其他资源；演练准备的时间长短。界定演练范围要在分析演练需求的基础上进行。界定演练范围可以按照以下流程和方法进行。

1. 界定演练的突发事件

突发事件主要包括自然灾害、事故灾难、公共卫生事件和社会安全事件，每类中又包括各种具体类型。需要考虑本基层最有可能发生哪种突发事件，其严重程度或时间、等级如何。通常的演练要以该事件的应对为主要线索，也可能涉及该突发事件关联的次生或衍生事件。

2. 界定演练地点、时间

应急演练地点可以根据需要，选择应急指挥中心、会议室、操场或开阔地，以及医院、新闻发布厅等地，当然也可以选择一个危险可能真实发生的地点。演练的时间要根据资源和人员能力等情况而定，可选择半天、一天或几天进行。

3. 界定演练的职能或行动职责

突发事件应对包括领导决策、综合协调、事件处置、避险自救、人员救助、危机沟通等职能，以及将这些职能进一步细化的有关行动职责。明确要演练的职能或行动职责有利于确定演练对象和目标。

4. 界定演练参与者

演练参与者往往是应急预案规定的相关领导和人员。参演人员的类型主要有：①决策人员（如基层领导）；②协调人员（如应急管理部门代表、基层工作人员）；③处置人员（如基层工作人员、物业管理人员、辖区单位专业处置人员、基层准专业化应急志愿者）；④公众代表（如媒体记者、普通群众）；⑤其他人员（如模拟受伤、受困的人员）。

5. 界定演练类型

应急演练类型是指从基本应急演练类型中选择某一种演练形式，或者借鉴基本演练形式，组合出一种新的演练形式，或者创新性地提出其他演练形式。演练类型的确定需要考虑以下因素：①最需要什么样的演练；②哪种类型的应急演练是必须举行的；③参演者是否具备相应的经验；④是否具备该类型应急演练的条件，如必要的物资准备、技术支持、经费保障、安全保障；⑤想实现什么样的压力程度；⑥时间长度的要求。

（三）确定目的

演练目的是对于为什么演练和所要达到的演练效果的总体描述。应急演练可以表述为实现或部分实现检验预案、完善准备、锻炼队伍、磨合机制、发现问题、改进工作，提升突发事件应急处置能力。其核心是提高部分应急能力。

1. 确定演练目的的基本思路

应急演练的目的是验证、评估和提升基层应急能力。从根本上说，应急演练就是要提高基层组织、工作人员及参演者形势研判、信息管理、应急决策、综合协调、现场处置、危机沟通等应急能力。

2. 表述演练目的

表述演练目的是对需要提高的应急管理能力范围和要求的文字确认，是对为什么开展演练的意思表达。应急演练目的的表述方式并无一定之规。例如，可以将某一应急演练的目的描述为：

“为了落实 ×× 应急培训规划，提高 ×× 应急指挥点的综合应急指挥能力，检验 ×× 应急预案，特举办此次应急演练。”

又如，应急演练目的可表述为如下格式：

“本次应急演练的目的是提高如下应急管理能力：①……②……”

（四）选择目标

应急演练目标是需要完成的主要演练任务及其达到的效果。演练目标是基于演练组织者确定演练需求和演练目的后定的，是对希望参演者在演练后表现出来的外在行为结果的具体明确的表述，也是应急演练所要达到的效果。目标是落实目的的工作指标，是后续演练设计的具体指针，也是应急演练评估的重要依据。一次应急演练一般有若干项演练目标，每项演练目标都应在演练方案中通过相应的事件和演练活动体现，并在演练评估中有相应的评估标准判断该目标的实现情况。选择并清楚地表述应急演练目标，有助于参演者和演练组织者清楚应急演练的具体要求及工作方向。

根据不同的参演者选择演练目标。对于较少参加演练或缺乏实践经验的参演者，演练目标难度要适当降低（如指挥点成员之间的有效沟通、决策方法的运用、决策流程的掌握等）；而对于多次参加演练且有经验的参演者，其演练目标的难度可以加深，重点应该放在如何深入理解场景、如何预先把握将要发生的风险等方面。

依据应急演练规模确定演练目标。在一个小型应急演练中，确定的演练目标可以是2—3项。在一些较大规模的应急演练中，参加演练的组织可以先制订各自机构的具体演练目标，然后由总体演练策划组将这些演练目标加以集成。

（五）形成演练计划

制订并形成应急演练计划包括以下3个方面。

1. 制订应急演练的进度计划

指应急演练从启动到准备、实施、评估等全工作流程的初步安排。演练策划组应在初期计划会议结束前，制订一个项目进度计划或者简要的时间进度表。其中，要确定重要的计划与准备会议的日期和关键事项或任务，以及需要参与的重要职能单元和需要组织的重要活动。这些任务应分派给各小组和具体人员负责，并按照项目管理时间进度表进行跟踪和督导。如果演练策划组制订的项目管理时间进度表符合实际且获得共识，各小组应严格按照其开展工作。对于任何更改，演练策划组都必须给出充分理由，并通知整个团队，避免混乱。

2. 编制演练项目经费预算

编制演练项目经费预算，明确基层应急演练经费筹措渠道和具体使用方向。

3. 最终演练计划成型

形成计划是应急演练计划的完成，其标志是撰写完备的演练计划书。演练计划书是对应急演练活动需求、范围、目的、目标、工作进度、经费预算、安全等情况的全面描述。计划应在应急演练计划阶段的后期开始着手撰写，经过多次修改完善后，上报有关领导审核确定，形成最终的应急演练计划书。

三、准备

（一）演练底本设计

应急演练底本是应急演练所要处置的假设情景。根据演练需要，有的演练场景只有一个初始场景，即假设的风险或突发事件在某一时点上的时空条件和事情；有的演练还要设计一系列的动态情景，即假设的风险或突发事件不断发展的情况。应急演练底本包含初始场景信息和动态信息清单两个部分。

1. 初始场景信息设计

初始场景信息是对设定的突发事件时空环境、突发事件本身及发生后的初步情况所进行的叙述性说明，也是参演者最先面对的突发事件情况信息（见表 10–2）。初始场景信息既是参演者进行演练的基础性信息，也是演练设计者进行设计工作的基础性信息。对于简单的桌面演练而言，初始场景信息可能也是唯一的演练信息。

表 10–2　初始场景信息（示例）

×× 县发生了6.0级地震，震中位于城关镇，烈度8度。破坏程度：建筑物倒塌5%，人员被掩埋50人、死亡2人、伤100余人，供电完全中断，通信完全中断，煤气泄漏点5处，危险化学品存储点1处情况不明，通往 ×× 镇大道路部分被破坏。

初始场景信息有两个重要功能。

功能一，初始场景启动了突发事件的发生，营造了应急演练的氛围——初始场景吹响了演练的冲锋号，紧紧抓住了参演者的注意力，调动了参演者的积极性，使其将自身精力投入演练。

功能二，初始场景是应对处置行动的逻辑起点，为系列情况设置了开端，将进一步引导后续动态信息和参演者的行动。

初始场景的要素包括：自然环境、社会环境、突发事件要素、管理要素。其中，某些自然环境和社会环境如果对于参演者而言是无须说明的，或者在演练的专门背景材料里已有叙述，可以不再赘述。但是与突发事件直接相关的要素，在初始场景里仍要具体而详尽地加以陈述（见表10–3）。

表 10–3　初始场景信息（示例）

20×× 年12月10日清晨5时22分，西陵二路西陵街道一座8层居民楼的5楼着火，现场浓烟滚滚、火光冲天，火势迅速向上蔓延，一些居民哭喊着从楼道里跑出来。 西陵街道是西陵市老旧小区，基层内20世纪80年代建造的楼房较多，内部楼房密集、道路狭窄，无停车场所。经过多年整治，私家车占道停放现象大为改善。辖区内有西陵市火车站和西陵市长途汽车站，流动人口约1200人。当天天气晴朗、北风偏大。 5时30分，基层消防队中的2名队员迅速赶到5楼，使用灭火器进行灭火，因火势太大，灭火效果不佳。5时32分，附近消防支队的消防车迅速赶到，但是因私家车堵占消防通道，消防车只能停在小区门口，铺设300米水带，准备远距离灭火作业。

2. 动态信息清单设计

动态信息清单由动态信息单元构成。信息单元是预先设计的、供演练组织者使用的、发送给参演者的信息。每条信息内容都是依据实际突发事件的内容而设计的，是由初始场景中叙述的突发事件所衍生出的状况。一条信息可代表一个事件，也可几条信息才能告知参演者一个事件。每条信息都是为了促使参演者开展一个或多个预期行动。

动态信息清单是演练的全部动态信息的集合，由信息单元构成可以展现为一个包括初始动态信息和后续动态信息在内的表单。

（二）演练文件开发

演练文件是指导演练实施的详细工作文件，是演练实施和评估中的必备工具，分别发给相关人员。对于较为复杂的演练，演练文件应包括：演练方案、工作人员手册、参演者手册、观摩人员手册、演讲实施方案等。

演练方案是演练计划（演练计划阶段的成果之一）和工作人员手册的有机融合文本，报上级机关的材料往往是演练方案。（对于简单的演练，有一个演练方案就够了。）

1. 工作人员手册

较为复杂的应急演练的工作人员手册包括：导调员手册、模拟员手册和评估员手册。这些手册的内容往往大同小异，简单一些的演练可以编写统一的工作人员手册，可能只是一页纸的注意事项或工作流程；而且，由于不设模拟员和评估员，也就没有后两者的工作手册。工作人员手册是演练导调员、模拟员和评估员参与演练工作的辅助文本。工作人员手册通常包含全部或部分详细的动态信息，描述导调员、模拟员和评估员的职责分工及他们应遵循的工作程序。根据需要，导调员、模拟员和评估员的手册可以合并。工作人员手册只分发给相应的对象。

工作人员手册的目的是帮助参加演练的导调员、模拟员和评估员有效地引导和评估演练，有助于导调员、模拟员和评估员准确了解各自在演练的实施和评估中要发挥的作用与职责。

2. 参演者手册

参演者手册提供演练概述，介绍演练的目的、目标，为参演者分配任务和职责，不包含详细的动态信息。

参演者手册的功能是帮助参演者了解演练的基本情况，明确其在演练中的角色和职责。不同的演练，对于手册的要求不同，演练组织者可以根据需要进行开发。

对于简单的演练，参演者手册可能只有一页纸的注意事项、工作流程，或者一份相关的应急预案；而对于复杂的演练，可能就需要有厚厚的手册供参考使用。

3. 观摩人员手册

观摩人员手册是帮助观摩人员理解演练内容结构、特点，以及自身行为规范的文字依据。有些简单的演练，可以只对观摩人员口头介绍有关情况；而一些复杂的演练，则要有一个单独成册的观摩人员手册或演练介绍手册。

有时，演练组织方为了使观摩人员对演练组织者或参演者有更多的了解，或者有更好的印象，在观摩人员手册中也会加上演练组织者或参演者背景信息的介绍内容。

4. 演练实施方案

在实践中，当全部演练场景设计和文件开发工作都完成后，往往还要形成一个全面的演练实施方案，上报有关方面批准。演练实施方案往往是演练计划、场景设计和文件开发成果的浓缩合集。

（三）演练综合保障

演练需要合适的环境、场地与氛围。演练的方案、场景、氛围，以及参演者可获得的设备和材料越真实，参演者就越能参与到演练中，演练的效果就越好。对于一场复杂的综合演练，演练综合保障包括：人员保障、经费保障、场地保障、通信保障、物资和器材保障等。本部分从工具和现场两个方面全面叙述复杂演练的综合保障，读者在准备简单的演练时，可以从中选取必要的内容。

1. 基本演练工具的准备

应急演练以突发事件信息的发展变化为引领，信息表达手段和演练工具（操作类工具和通信类工具）是演练准备的基本内容（见表10–4）。为了使应急演练最大限度地贴近现实，增强应急演练效果，需要采用一些增强演练真实感的信息表达手段，可分为电子类信息、纸质类信息和实物类信息。

表 10–4 演练工具

大类	分类	具体内容
信息表达手段	电子类信息	通过各种音视频信息导出、更新演练场景内容或动态信息的三维模拟展示等，增强模拟场景的真实感
	纸质类信息	1. 地图：行政区划图、地形图（含等高线）、城市街道地图、住宅小区地图（最好包括如老人、儿童、残障人士等弱势群体分布图）、基础设施地图（输电线 / 光纤通信 / 天然气管道）、经济设施图（工厂布局、铁路调车场）、警察和消防资源分布地图、天气状况图、洪水淹没区地图 2. 信息图表：基层医院（现有床位、血液、其他供应品的需求及人员）、基层物资储备库（帐篷、食物、水、棉被、口哨、照明电筒及药品等）、基层志愿者（数量、特长）、基层消防资源（消防器材的部署与可用性；消防互助的形式与状态）、相关的组织结构图、组织职责展示图等
	实物类信息	1. 桌面演练：城市沙盘模型、突发事件现场局部模型等 2. 实战演练：模拟的无毒烟雾、被烧毁的建筑材料或建筑废墟、受控的火堆（供消防部门扑灭）、遇难者的人体模型（展示遇难者必须使用模型）
演练工具	操作类工具	1. 工作日志 2. 信息展示板：展示所要处理的事件信息、处置进展信息、动态资源信息 3. 其他工具表单：演练中使用的电话信息记录单、演练后使用的参演者反馈表等 4. 可供使用的设备与物品：计算机与投影仪、复印机、播音设备、各种笔、电话表或联系人名单、桌签与名签等
	通信类工具	1. 预警信息系统 2. 应急指挥平台 3. 移动式指挥平台 4. 应急广播系统 5. 业余无线电应急服务设施 6. 应急指挥车 7. 热线专用电话 8. 固定电话 9. 手机 10. 传真机

2. 实战演练的特殊现场准备

实战演练是对综合保障的一次巨大挑战。由于在准备过程中很容易漏掉细节，演练组织者要亲自去现场查看，可发现潜在的问题及可巧妙利用的资源，做出更现实的现场设计。

（1）地点选择

因为演练需要动用人员和物资，所以在选择演练地点时要考虑空间的充分性和现实性。

空间充分性的评判标准：是否能容纳模拟受灾者、应急响应人员和演练观察人员；是否有足够的允许参演人员展开演练活动的空间；有没有停放响应人员和观摩人员车辆的空间。

地点现实性的评判标准：场景是否在不影响正常工作、学习、交通和安全的情况下尽可能真实；要便于模拟突发事件的真实响应地点。

（2）现场管理

现场管理涉及一系列问题，具体包括空间管理、现场布置、物品管理3个方面（见表10–5）。

表 10–5　现场管理要点

大类	具体要点
空间管理	1. 各类人员安置地点 2. 各类物品、设施的摆放地点 3. 各种演练行为的实施地点 4. 移动指挥车停放位置
现场布置	1. 模拟紧急事态（模拟火灾，用什么模拟烟雾？怎样模拟泄漏的化学品、破碎的玻璃或洪水？） 2. 扮演受灾者（为了更真实，要选择不同年龄、不同体型和不同身体素质的人来扮演受灾者） 3. 确保扮演受灾者的人员扮演好相应角色
物品管理	1. 道具安放 2. 道具管理 3. 接、运道具 4. 借用材料和设备的归还政策 5. 借用设备的归还条件 6. 清洗设备 7. 设备的赔偿政策

（3）安全保障

在实战演练中，所有的运作必须绝对安全。在演练准备及演练过程中都必须注意安全，要记录下安全问题并逐一加以解决。

演练组织单位要高度重视演练组织与实施全过程的安全保障工作。大型或高风险演练活动要按规定制定专门的应急预案，采取预防措施，并对关键部位和环节可能出现的突发事件进行针对性演练。根据需要为演练人员配备个体防护装备，购买商业保险。对可能影响公众生活、易于引起公众误解和恐慌的应急演练，应提前向社会发布公告，告示演练内容、时间、地点和组织单位，并做好应对方案，避免造成负面影响。

演练现场要有必要的安保措施，必要时对演练现场进行封闭或管制，保证演练安全进行。演练出现意外情况时，演练总指挥与其他领导小组成员会商后可提前终止演练。安保后勤人员要加强应急演练现场管控，防止无关人员进入，保证现场安全。若演练涉密或有不宜公开的内容，则需要制定严格的保密措施，防止因工作不当出现失泄密事件。

要指派一名安全员，其主要职责就是从安全角度掌控整场演练。建议安全措施包括：①把安全考虑列入演练设计；②把检验演练安全的职责分给每个演练导调组成员；③识别所有的安全隐患并逐一加以解决；④把安全须知作为演练前情况简介的一部分加以宣读；⑤将安全要素列入模拟员和评估员的文件包中；⑥演练前要检查每处演练地点，确保已排除安全隐患；⑦确保在出现安全问题时安全官有权中止某一行动，甚至是整场演练；⑧准备真正的突发事件发生时的中止程序。

（4）善用媒体

无论情愿与否，任何重要的实战演练都会引起媒体的注意。演练设计得越好，越会受到媒体的正面报道，因此要把媒体参与列入演练计划与准备。媒体不仅有助于演练赢得支持，其存在还可提高演练的真实性，比如可以让媒体记者扮演他们自己。

四、实施

（一）桌面演练

桌面演练实施指的是经过充分的前期准备之后，根据所设定的培训目标，由主持人和参演者一起，通常在一个会议室内就完成了的整个推演过程。本部分介绍的桌面演练实施方法适用于基层指挥点桌面演练。

1. 演练实施主体

桌面演练的实施由主持人和参演者共同完成。参演者是演练实施的主体，他们的需求、期望和参与程度（而不是知识技能）决定着演练的实施效果，主持人则扮演着推动者的角色。

简单桌面演练可以由一位主持人实施。主持人负责整个推演过程的掌控和评估，对演练起领导作用。主持人始终要观察整个演练过程，发现问题随时记录并带领参演者进行内部讨论，调整和推动推演的进程。

如果是成建制指挥点的演练，参演者在演练中承担自己在实际工作中的那部分工作职责。如果不是成建制指挥点的演练，参演者就需要分别扮演指挥点中领导人员的角色，如担任某地应急指挥点的指挥长，以及综合协调组组长、救援组组长、后勤组组长、治安组组长、医疗组组长、宣传组组长、交通组组长等。由各指挥点内部确定指挥长及各成员角色，也可由主持人为参演者指定角色。

完成角色设定后、正式演练开始前，主持人要组织参演者按照角色要求，明确各个角色在指挥点中承担的主要工作职责和所享有的权限范围。

通常，演练开始前，主持人需要对没有经验的指挥长进行简单辅导，为其讲解工作重点与职责。

2. 演练导入

在简单桌面演练开始之前，主持人首先要向参演者介绍本次演练的相关背景知识、演练的目标、演练的内容框架，以及参演者在演练中需要注意的事项等，然后介绍演练方法，最后发布初始场景。

在主办机构的有关领导作简短开场致辞之后，由主持人进行简要的演练背景介绍和解释，向出席人员介绍参演人员或评估员，告知每个人的职责分工。

主持人需要紧紧结合演练目标选择方法和工具进行简单桌面演练，并通过讲解示范、练习等方式使参演者掌握这些演练方法和工具（记录纸卡或应用软件等）。

主持人应运用视频、文字等多种方式，向参演者发布简单桌面演练的初始场景，介绍事件背景，说明召集指挥点会议的目的，讲解任务要求。一般来说，初始场景发布时间应控制在15分钟之内。如事件特别复杂或者不为参演者所熟悉，则需要留出足够的时间让参演者充分熟悉。

桌面演练开篇要醒目，导入行动要能够引起参演者的高度注意，知道什么事将要发生，并感觉到在这样的环境中是非常舒适的。一场成功的桌面演练应注意以下3点：①欢迎参演者，首先要热烈欢迎参演者，以真诚的态度让他们感到轻松自在；②清晰告知必要事项，清晰阐述演练目的和演练目标、演练基本规则与程序、演练场景的简要说明；③打破沉默，尝试在演练开始阶段就对一两位基层居委会领导或小组提出有针对性、有吸引力，同时也容易回答的问题，打破沉默。

3. 演练推进

初始场景发布后进入演练推进阶段，即参演者针对初始场景进行模拟会商研判和应急处置，开展突发事件应对活动。

简单桌面演练侧重对应急决策方法的学习掌握。典型的桌面演练在半天内，只针对一个初始场景进行详尽的集体分析讨论，并在此基础上尽量做出全面、周密的决策。简单桌面演练通常可分为5个阶段：①注入信息，主持人通过多媒体文件、沙盘、信息报告单等多种形式向参演单位和人员展示突发事件场景信息；②提出问题，由主持人提出一个或多个问题，或者在场景信息展现过程中自然呈现应急处置任务；③分析讨论，参演者在主持人的引导下回答应急处置相关问题或者自主讨论如何应急处置活动，形成处置决策意见；④表达结果，参演者按要求书面提交或口头阐述分析决策结果，或者通过模拟操作与动作展示应急处置活动；⑤结果讨论，演练主持人对上述结果进行简要点评，参演者可以参与讨论，这个环节也可以省略，在全部演练完成后一并进行评估反思。

4. 演练催化

桌面演练提供了以团队方式解决问题的轻松环境。桌面演练主要受控于主持人。主持人必须具备优秀的沟通技巧，了解相关应急预案、应急组织职责。桌面演练问题的提出可以有很多种方式：①口头介绍全部问题，让小组逐一进行讨论；②先口头向某个参演的个人介绍问题，再由该角色告知参演小组，进行小组公开讨论；③把详细事件（问题）及相关的讨论问题打印出来发给每个人，让每个人从自己组织和职能的角度回答，然后在小组中讨论；④向演练参加者口头发送指令信息，即主持人向参演者逐一提出问题信息，然后参演小组以应急预案或其他行动计划为指导，讨论这些问题，如果需要其他补充信息，则可以适时导入这些信息，然后小组确认这些信息并继续开展讨论；⑤分别向不同的参演者提供不同的问题信息——首先，演练参演者独自处理收到的信息，并代表其所属组织分别做出决定；其次，参演者聚集在一起工作，进一步分析信息，并协调彼此的决定，拿出集体决策意见。

就桌面演练而言，每位参演者都参与讨论是至关重要的，不应让某个人或某个组织主宰一场桌面演练的讨论。使参演者都参与到演练中是主持人的重要职责。

（二）实战演练

本部分叙述的实战演练实施方法适用于基层救援技能演练、自救互救演练、综合应急演练3种基层演练方式。本部分内容着眼于全面叙述相关方法技术，演练组织可根据需要选用。

1. 演练实施主体

实战演练需要有导调员、安全员、技术员、模拟人员、参演人员、评估人员、观摩人员等。

（1）导调员

简单的救援技能演练设置1名导调员管理演练，开展导调工作。在有多个场地的救援技能演练中，可设置多名控制演练的导调员。在这种情况下，所有的导调员要在1名总导调员或演练总指挥的管理下相互合作、开展导调工作。

（2）安全员

在实战演练中有很多潜在的安全问题，因此需要委任1名安全员。

（3）技术员

实战演练需要特定器械和知识的专业技术支持。为了保证演练效果，对于业务技能还不够娴熟的基层工作人员和群众，技术指导尤为必要。

（4）模拟人员

模拟人员是扮演突发事件中的受害者、群体性事件的参与者等角色的人员。基层演练的模拟人员都由基层群众或志愿者担任。

（5）参演人员

接受并执行导调任务和指令的人员，如救援技能演练中的基层志愿者消防员、辖区医院的医生、基层搜救志愿者，自救互救演练中的基层居民和儿童，综合应急演练中的基层工作人员和物业管理人员等。

（6）评估人员

各个场地的评估人员需要观察演练行动并记录下所有重要的事件。

（7）观摩人员

仅仅负责观摩演练的人员，包括上级领导、相邻基层的来宾、新闻记者、群众等。

2. 演练导入

演练预备会一般在演练举行之前召开，其主要目的是告知参加人员其职责分工。演练计划小组成员可以给基层有关领导、模拟人员、参演者和评估员安排单独的演练预备会，可以避免给各组不相关的材料，确保演练的设计、开发和实施与计划一致。

（1）领导人情况介绍会

在实施前，要向相关领导人汇报演练准备情况，使演练实施计划获得批准。

（2）导调员和评估员情况介绍会

在导调员和评估员情况介绍会上，要先做演练的总体介绍，然后介绍演练的场地和区域、演练事件的时间表、主要演练场景、演练导调的理念、导调员和评估员的责任、填写演练评估指南的说明等。如果评估事项复杂，可以对评估员额外进行培训。

（3）模拟人员情况介绍会

模拟人员情况介绍会应当安排在演练之前，即在他们到达指定地点担负起角色之前。负责管理模拟人员的导调员主持这场介绍会，要介绍演练概述、演练活动时间表、扮演角色的说明、伤病号症候卡、演练中的安全问题、出现真实的紧急情况的应对程序等。在情况介绍会上，要分发身份识别的标牌和所扮演角色的症候卡等。

（4）参演者情况介绍会

在演练开始前，导调员要对所有的参演者介绍各自的职责分工、演练相关参数、安全保障、角色标牌，以及演练后勤问题。

3. 演练推进

在导调官做完必要的动员和说明后，演练的启动既可以是一个模拟的突发事件现场，也可以是报警服务台的一个电话、一则电台广播，或者是一个正式渠道的灾情报告。

在演练过程中，现场事先展示的信息和行动，以及参演者的每一步响应行动都不容易控制，因而预先设计的动态信息的导入就成为控制演练进程的重要手段。导调员应按照演练导调的基本原则对动态信息导入加以灵活掌握。

4. 演练导调

实战演练相对成本高、场面严肃，应当在前期精心设计的前提下，按照以下4项演练原则指挥。

（1）管理有方，协调有力

控制演练进程的演练总导调员或总指挥要对演练现场各个方面的工作按照程序严格管理，对各个方面的演练导调员的行动要综合协调。要确保整个演练现场的管理井然有序、无安全漏洞。例如，在针对基层儿童组织的火灾、地震等紧急避险和疏散应急演练中，安全防护组的工作人员，应提前在房间各拐角处、楼门口等危险易发地段待命，负责疏散过程中的安全防护。

（2）乱中有序，直指目标

演练必然会产生一定程度的忙乱，有时演练设计上也要制造一定的混乱景象，以最大限度地模拟真实突发事件发生时的整体图景。然而，在总导调心中，要乱中有序，形乱而神不乱。每一个场景、每一个“混乱”场面都是符合设计要求的活的信息，都要与一定的演练目标呼应。

（3）随机应变，胸中有数

每处现场场景在发生发展过程中都可能产生与预想不吻合的情况。演练导调员要因势利导，利用这些变化的新情况，提出符合演练目标要求的演练任务，引导参演者采取相应的行动。

（4）有机衔接，浑然一体

演练导调员要居高临下不断观察、判断演练的进程，要使演练中的各种真实事件、虚拟事件有机衔接，形成相互之间的有机联系，构成浑然一体的演练局面。

为了防止与真实世界的沟通混淆，所有的沟通必须明确识别为与演练相关。可以在所有书面或打印的沟通材料上醒目标明“仅作为演练材料”的短语，在每次口头沟通时首先说明“这是一场演练”，或者类似说明。

（三）热反馈

1. 应急演练后的热反馈

热反馈是指演练结束后，在导调人员或演练主持人的组织下，参演者对自己的参演行为进行反思的工作。热反馈通常在演练后立刻进行。

热反馈不是由第三方对参演者进行的评估，而是由参演者进行的自我反思。热反馈为演练参加人员提供了一个反思学习的机会，在演练实施刚刚结束后，讨论演练的收获和待改进之处。这是参演者能够获得自我提升的有效手段。

热反馈一方面能够帮助参演者互相启发、自我提升；另一方面能够帮助评估员掌握更多的评估数据，有助于使评估建立在更为坚实的数据基础之上。

2. 热反馈的工作流程

热反馈应由有经验的主持人引导，主持人可以确保讨论保持简短和具有建设性。在热反馈的基础上收集的信息可以在演练评估报告中使用，演练建议也可以用于改进未来的演练。热反馈还提供了分发参演者反馈表的机会，参演者填写后，可以用于帮助评估员形成演练评估报告。

热反馈通常由以下5个步骤构成：①演练主持人介绍热反馈的目的、意义和具体安排；②演练主持人带领大家回顾演练基本过程，必要时可以回放演练录像，尤其是对实战演练的回顾和热反馈，录像回放特别有价值；③参演者分组讨论演练中的得失；④参演者代表向全体人员汇报本组讨论结果，如果参演人员不多，则可以省略分组讨论，直接进入全体人员反思环节；⑤由演练主持人或有关专家进行小结。

3. 热反馈的注意事项

热反馈不是一个机械的自我批判过程，而应当是一个积极的反思学习过程。因此，应把握好以下3个方面：①主持人应始终维护好一个友好的、积极的讨论氛围；②当出现有人指责他人，或自我防卫倾向时，主持人应当及时加以催化、引导；③热反馈中的意见应当加以详细记录。

五、评估

应急演练评估主要是对照应急管理能力的要求与应急演练的目标，根据参演者完成关键任务的表现进行评估并提出改进建议。它是通过应急演练实现参演单位与参演者改进应急管理流程、提高应急能力和水平、实现应急演练目的的重要环节。所有应急演练活动都应进行演练评估。

对于结构简单的演练，演练评估可以由主持人或少数专家在演练后对参演者行为进行简要点评。

全面的应急演练评估过程是演练组织者和评估者等，在认真准备的基础上，细致观察演练行为、分析演练记录及相关资料，通过对比参演者表现与演练目标要求，对演练活动及其组织过程进行反思和分析，做出客观评价，并撰写应急演练评估报告的过程。它既是全面、系统了解演练情况，客观评价应急演练的重要过程，也是进一步加强和改进突发事件应对工作，提高应急能力和水平的起点。

全面的应急演练评估流程可分为以下8个步骤（见表10-6）：①演练评估准备；②观察收集数据；③汇总分析数据；④起草评估报告；⑤召开评估

会议；⑥研究改进措施；⑦完成评估报告；⑧跟踪督促改进。演练组织者也可以根据需要简化或省略其中的某些步骤。

表 10–6　演练评估的步骤

演练流程	演练前	演练中	演练后评估	评估后改进
评估流程	步骤1：演练评估准备	步骤2：观察收集数据	步骤3：汇总分析数据 步骤4：起草评估报告 步骤5：召开评估会议 步骤6：研究改进措施 步骤7：完成评估报告	步骤8：跟踪督促改进

（一）演练前准备

1. 制订评估方案

为提高应急演练的工作质量，应编制应急演练评估方案，为应急演练评估工作确立连贯的行动程序和指南。

评估方案应以演练方案为主要依据，由预定的评估组组长负责组织制订。评估方案也是编制评估手册的重要依据，通常评估方案的内容也是评估手册的主要内容。应急演练评估方案通常包括以下6项要素。

（1）演练信息

应急演练目的和目标、情景描述，应急行动与应对措施简介等。

（2）评估内容

依据演练目标，确定应急演练的指挥、决策和执行、信息沟通与媒体应对、自救与互救，以及演练组织行为等。

（3）评估标准

应依据我国突发事件处置相关法律法规、国内外处置突发事件的标准流程和工作程序、应急预案确定的要素和措施及具体的演练方案建立评估标准而撰写。评估标准要具有科学性、可操作性、目的性和指导性。

（4）评估程序

为保证评估结果的准确性，针对评估过程做出的程序性规定。

（5）评估员

确定评估员组织结构与职责，明确评估员位置。评估员负责制订评估工作方案。

（6）附件

应急演练评估要用到的相关表格及相关工具、联络方式等。

2. 组织人员

为了对演练进行更好的评估，应急演练要组建评估组。确立评估组组长与评估员，明确各自的工作任务与责任，并征召、培训、分配评估员。这是为评估工作提供组织与人员保障。

评估组负责设计应急演练评估计划，观察并记录演练情况，编写应急演练评估报告等。应急演练评估组可由上级部门组织，也可由演练组织者自行设置，还可邀请第三方专家或机构负责组织。

评估组的规模主要由3个因素决定：①演练的类型；②演练的目的；③演练的规模和复杂性。在规模较大的演练中，参与的组织和人数多，需要展示的目标多，通常会需要一个规模较大的评估队伍，应设置评估队伍总负责人和多名评估分组组长。

3. 开发文件：编写评估员手册

应急演练评估需要开发的文件主要包括：评估员手册、评估表（评估指南）、参演人员反馈表等。

评估员手册是帮助应急演练评估员充分了解自己在演练实施和评估中要发挥的作用和职责的演练资料包。其核心内容包括：①演练文件（应急演练背景情况、初始场景等）；②相关的预案和规范文件（突发事件应急预案、标准化操作程序等）；③评估材料（指挥点职责、组织结构图、任务分配表、参演者座次表等）；④应急演练评估表；⑤活动时间表。

4. 开发文件：设计评估表

应急演练评估表为评估员提供了在演练过程中观察、收集数据和捕捉表现结果的统一的规范化工具，为应急演练评估提供了指导方针和标准流程，还为收集数据提供了记录空间，是评估员观察演练的指南（因此也称“演练评估指南”）。

评估表分为针对应急演练活动的观察评估表、针对演练组织的演练组织活动评估表。根据应急演练目标的不同，可以采用选择项法、定性评价法（主观分析法）、定量评分法等不同等级评价方法。

5. 召开预备会

应急演练前要召开演练组织者情况介绍会和评估员预备会，用以核实评估员的角色、职责和分配，确保评估员理解提供给他们的信息里列出的所有事项；阐明变动情况（如果有），如应急演练事件的变动、评估员的重新分配等；使评估员熟悉演练地点的地理情况和相应机构等，明确自己的观察位置。

介绍会要给评估员提供询问的机会和时间，提出的问题需要得到解答，信息需要得到澄清，保证评估员对角色和职责完全理解，进一步促使评估员了解演练流程，明确评估任务，掌握评估方法，从而有效地完成评估任务。

（二）演练中观察收集数据

在演练实施时，评估员要善于观察演练，广泛收集数据，并且保留这些原始的观察记录和笔记。这些记录将成为应急演练评估的基础和依据。

1. 观察记录

每位评估员对演练中发生的所有事件的准确、细致、全面、完整的记录，对了解参演者的行动十分关键和重要。记录的观察数据分为以下3类。

（1）描述性的数据

主要是记录与所分配的职能相关的一切情况和事实，不需要推理，因此数据较为可靠。

（2）推断性的数据

通常是一些推测原因的数据。由于较难收集到可靠信息，需要评估员在记录数据时进行推断。

（3）评价性的数据

不仅需要推断，还需要对参演者行为做出评价性判断。这类数据收集起来最复杂和困难，其主要源于演练组织者的笔记、评估员填写的应急演练评估表、参演者反馈表。

2. 参加热反馈

应急演练结束后的热反馈是一个收集参演者意见的难得机会，评估员可以：①补充记录演练期间发生的情况，与参演的各方人员分析讨论相关议题；②收集参演者对演练的评价及提出的改善演练设计的建议；③为评估员提供澄清某些问题或收集缺失资料和信息的机会；④获得热反馈的记录和已填好的事先发给演练者的反馈表，收集额外的资料和信息，为完成演练组织者笔记和评估员填写评估表提供帮助，还可以用于演练后的分析和评估报告。

（三）演练后评估

1. 汇总分析数据

应急演练结束后，应急演练评估组应尽快召开评估员碰头会，分析收集的数据，包括汇总观察收集的数据、现场点评等，讨论交流意见，明确优势和待改进之处，并提出建议。

（1）复盘演练过程

回顾演练过程的主要思路是，按照演练时间顺序对每一项能力进行评述，这就需要依据能力的详细评述建立演练事件发生的时间表——这类似于突发事件实际发生后，由许多机构和组织完成的重建事件的方法。评估员要使用收集的数据，按照演练的时间顺序对每一项能力及活动进行分析评述，识别发生的情况与本应发生的情况之间的差别，解决收集的数据之间的差异，制作包括与待检验能力有关的所有要点的综合控制时间表。当然对综合控制时间表的分析，应由有经验的演练组织者带领，确保评估组不偏离主题。

（2）分析记录数据

分析数据时要汇总并分析针对各项任务收集到的信息，包括观察的任务、活动叙述、详细的评估员观察。分析时要注意评估员观察到的内容意味着什么，包括将来对实际指挥点的工作意味着什么。评估员的观察结果是否符合政策、计划和程序规定；如果不符合，原因何在，这些不符导致的后果是什么。可以吸取哪些教训，应该做哪些改进，最优的做法是什么。

评估组组长既可以将每项活动的记录分析分配给具备相关领域专业知识的评估员或评估组，也可以与评估组共同分析。

（3）归纳经验教训

评估员需要依据自身认知和实战经验出发，对整个观察到的情况及处置效果进行评价。一方面要通过分析应急演练的总体情况、参演者的表现等找出参演者在演练过程中展现的成功之处；另一方面也应分析出应急预案、应急指挥、应急执行程序、应急管理体系中存在的不足和问题，为撰写评估报告提供素材和参考。

在上述分析的基础上，还要深入研究问题的根源。要检查每一项没有很好完成的关键任务和能力指标目标，通过分析参演者在演练过程中展示的行动和演练目标间的差距，探寻每个事件发生或没有发生的直接原因，特别是要探究形成问题的根本原因。

2. 起草评估报告

在评估报告定稿之前，需要应急演练评估组向演练组织者提交评估报告初稿。通常情况下，评估报告初稿应在大多数评估员参与分析工作后，由评估组组长主笔。

评估报告初稿需要通过演练组织者、评估员和其他参与组织的审查，在初稿被充分审查后，才能撰写终稿。通常，在征求所有参演者意见后，演练组织者要把评估报告初稿分发给应急演练的主办组织机构，由组织机构的相关负责人审阅并确认评估报告中观察到的事项，确定哪些方面需要进一步修改。

修改完善后的评估报告所提供的信息主要用于参演者和演练组织者进行应急准备、获得所需要的资源和支持等。

应急演练评估报告既是对演练情况的详细说明，也是向参与应急演练的组织机构就其在演练中的表现提供的反馈和评价，客观、详细、周全是它的基本特点。

3. 召开评估会议

这是对整个应急演练进行的更为正式的总结回顾，其目的是总结覆盖演练的每个目标和职能领域的经验教训，对撰写的评估报告初稿进行讨论，并提出修改与补充建议。它是演练评估工作的重要组成部分，对确保实现预期效果、进一步完善评估报告初稿具有重要作用。评估会议讨论的内容要做好记录，用于编写评估报告终稿。

（1）充分准备

应急演练结束后，由应急演练的组织者和评估组召集所有参演者（或主要参演者）召开评估会议，共同对演练进行详细的定量和定性评估。由各参演者从自身角度分析总结应急演练的成功之处和有待改进的地方，提出整改意见和建议。

因此，不能打无准备之仗，需要演练的参演者、组织者，包括评估员须充分准备：①要有充分的时间，应当在举行演练后规定时间内（一般4周内）举行，会议可能需要一整天时间；②要把评估报告初稿分发到所有相关部门；③要在会前留出足够时间供相关部门阅读审查材料初稿；④会上要将撰写的评估报告初稿作口头介绍，提请审议。

（2）多方参与

多方参与是指，广泛听取各方面的意见和建议，确保评估报告的客观、全面和详尽。因此，参与演练的各机构领导、演练组织者、评估员、承担实施整改措施的组织代表，以及在现场的专家、观摩者的代表都是评估会议的重要组成人员，会议组织者应力争使这些重要组成人员都收到邀请并参加会议。

（3）充分研讨

为了确保应急演练评估工作的公正、客观，评估会议的组织者应采取形式多样的会议组织方法。比如，重点人员发言、小组讨论、发放调查问卷、个别访谈、专家点评、参演者及演练组织者自我评估等。要充分利用各类评估表、参演者反馈表等，创造有利于讨论的条件和氛围，就有关问题或关切进行讨论。讨论的内容可以包括：演练的目标，演练的经验做法，今后应改进的地方，演练的预期效果和实际效果间的差距，观察到的主要问题及成因和解决方法，相关机构可采取的具体行动和措施，对评论和建议的反馈与验证，对改善演练设计和流程的建议等。

要对问题展开充分的研讨，让与会者各抒己见，畅所欲言，以此来获取撰写评估报告完成稿的有用信息，为完善评估报告提供有力支持，最大限度地提高评估报告的质量。

评估会议需要安排专人做好会议记录，将此作为问题跟踪、整改的依据。会后，评估员要按照分工，将问题分别进行梳理归纳，将会议中得到的有用的信息补充到评估报告的终稿中。当然，演练组织者也需要吸收评估会议中提出的有效建议，对应急演练的演练信息、背景资料、流程等进行修改，以有助于完善将来的计划和准备工作。

4. 研究改进措施

深入研究改进措施的阶段是在召开应急演练评估会议后，对照应急演练工作中暴露出来的问题，系统提出改进措施。研究改进措施应当包含在评估报告的终稿中。

全面的改进措施的内容非常广泛：①包含所有问题、建议及详细的改进措施；②选出改进工作的负责人；③提出改进时间表；④确定改进行动的重点内容。

改进措施既有针对短期目标的，也有针对中长期目标的。短期目标应在一个演练计划周期内完成，长期目标可能跨越多次演练或在一个多项演练的规划期内完成。因此，在不同的时间段内，要确定改进措施的侧重点，要强调那些投入产出效率最高的改进，如影响大、成本低的改进。

（1）短期改进措施

短期的改进措施是根据当前工作的迫切需要，为解决当前实际工作中的突出问题而提出的改进内容。如果这些改进内容不加以实施，在突发事件发生时必然会给人民生命、财产安全和国家利益造成重大损失。同时，这些改进措施在现有的人、财、物条件下能够保证有效落实。针对短期目标而实施的改进措施包括：建立救灾物资发放制度，建立突发事件发生时的网络监管制度，制定救灾食品检验、检疫制度，健全救灾现场的志愿者队伍管理机制等。

在确定必要的短期改进措施时，需要思考以下问题：①需要对预案和程序做什么修改来改进绩效？②需要对组织架构做什么修改来改进绩效？③需要管理和领导过程做出哪些调整？④需要对设备或资源准备做什么改变？⑤需要什么培训？通过回答这些问题，能找到与改进措施中所记录的核心能力的差距，明确有待实施的改进措施。

（2）中长期改进措施

中长期改进措施往往针对中长期目标，是针对应急演练过程中所发现的难点问题而提出的改进办法。这些改进如果不加以实施，在突发事件发生时，可能会对人民生命、财产安全和国家利益造成损失，但由于组织、人员、领导、培训、规划、设备、预算、法律制度等多方面因素的制约，或者整改建议包括多个步骤，或者需要获得更多的资源支持，还不能在短时间内加以落实。这就需要制定合理、科学的改进时间表，建立长效机制，逐步落实改进。

当逐步具备了人力、财力、物力方面的资源支持，如获得专项拨款或资助、与其他单位成功签订了资源共享协议等，这些改进措施就能够加以落实。比如，基层救灾物资的储备问题，现在许多地方的救灾物资储备的数量、品种、地点的选择都不能满足救灾需要，迫切要求加以解决，但由于受到资金等各方面的限制，可能需要逐步完善救灾物资的储备制度。又如，安全应急人才队伍的培养机制、信息共享的数据库、救援各方的协调联动等制度的建立等，往往都属于中长期改进措施的范畴。

（3）具体措施

具体措施是针对应急演练中暴露的问题、造成的原因等所提出的具体的整改意见、建议和措施、方法，是落实必要措施和可行性措施的具体举措，也是将短期、中长期改进目标落到实处的关键步骤。

这些改进措施要与演练中需要提高的某方面的能力相联系，具有如下特征：必须可以衡量、可以实现、可以检验内容具体；应规定改进的具体时间节点，要有具体的改进时间表，并确定开始和完成日期；要指定负责机构和该机构的联系人、负责人。

负责机构和该机构的负责人应有沟通改进进程的方案，以便跟踪改进方案的实施进展情况。比如，基层应急人才培养机制和设备更新机制的建立，可以规定5年要培养的人数或要更新的设备应达到的具体要求，进而规定每年需要培养的人数或更新设备的数量、种类，如何落实，谁来保障等，以确保改进措施逐步真正落实到位，而不是流于形式。

5. 完成评估报告

评估报告将为演练组织者和参演者提供一个有效的工具，为其今后制订应急管理战略和演练规划，修订应急预案、政策和程序，以及提高参演机构应急管理能力、健全科学的应急管理体系等提供重要的指导。评估报告的终稿应将改进措施和评估研讨会上的反馈意见纳入其中。

（1）修订报告

在评估报告初稿的基础上，充分利用演练结束后召开的评估会议的会议记录、各项评估表和评估员的记录笔记等，由演练组织者在规定的期限内完成评估报告的撰写，这是对评估报告草稿的修正。完成稿是一份反映了每个演练组织者、参演者和评估员的意见和评价的评估报告，所以在正式发布前需要分发给演练组织者的每个成员审查，以确认与演练目标相符合。

（2）上报审批

评估报告完成后要提交有关的上级部门及当地政府部门进行审阅，并报送抄送各演练参演组织，以便有关部门能够根据评估报告的相关内容，发扬成绩、修正问题、确定整改措施、弥补不足，提高应急管理实践水平，实现应急演练的目标。

（3）发表公布

评估报告审批通过后，为了保护可能的敏感信息，演练组织者应为评估报告终稿确定发布范围，并严格按照规定发至相关单位和个人。如果不涉及保密内容，在征得相关部门和参演者许可的前提下，可以在较为广泛的范围内公布，以利于推广演练经验，便于其他地方在制订应急演练方案时能够借鉴，扩大应急演练的成果运用和影响力。

（四）跟踪督促改进

跟踪督促改进是演练组织者在应急演练结束和评估报告完成之后，安排相应的人员督促参演者（单位）继续解决其中尚未解决的问题或事项，落实整改措施的过程。主要是，监督检查评估报告和改进措施的实施与落实。

需要指出的是，跟踪督促改进可能不是评估组的工作，也可能不需要或不仅仅由参演者或参演单位承担此项任务，而需要演练组织者和其他没有参演的相关部门与应急管理人员共同完成。

1. 跟踪改进

为了确保参演者（单位）能够从演练中获得最大的成效，在应急演练评估报告完成之后，演练组织者、参演者（单位）和相关机构应针对演练中暴露的问题，按照改进措施中规定的责任和时限要求，采取措施予以改进。改进内容可能包括修改完善应急预案、有针对性地加强基层工作人员的应急教育和培训、有计划地更新应急物资装备等。

有关单位应指派专人，按规定时间定期对改进措施的进展情况、实施过程进行跟踪、监督、检查，确保参演者（单位）或其他机构对自身暴露出的问题进行及时改进，使各项改进工作真正落到实处，最终完善参演者（单位）的应急管理工作，提升应急能力。演练整改措施一旦被实施，就要得到验证和检验，这就拉开了提高能力的新一轮演练的序幕。每个基层应指定1名整改工作联系人或负责人负责整改行动，完成整改各项措施，并且每项整改措施都应指定负责人完成规定的行动。

2. 发布进展

根据持续跟踪评估报告和改进措施的实施情况，撰写改进措施落实进展的阶段性报告，跟踪整改工作的完成情况，并根据需要将阶段性报告向参演单位定期发布。这会起到了解情况、督促整改的作用。

报告的重点是尚未完成的整改措施，并说明各责任方的责任。这就要求每个相关机构的联络人或负责人都要随时与指定的负责整改措施的机构沟通整改完成情况，定期向负责督促检查整改工作的负责人报告整改实施情况，为撰写进展报告提供充分、可靠的第一手资料。

3. 调整计划

如果在跟踪检查过程中，发现整改措施和行动没有取得进展，应当及时对改进措施进行审议，必要时调整整改措施，寻找替代方案。

需要注意的是，实施的改进措施需要反馈到新一轮的演练循环中，通过新的演练进行测试和验证，确保整改措施能够真正提升相关机构的应急能力。

当然，由于整改工作的责任可能超出演练组织者的工作职权范围，本部分的内容可根据演练目标及参演者的实际情况和要求选择性地实施。

典型案例 ××镇抗旱应急演练工作方案

为切实增强广大干部群众的抗旱意识，有效提高减灾救灾能力，确保全镇安全度旱，经镇党委、政府研究决定，组织开展2022年抗旱应急演练，具体演练方案如下。

一、演练目的

在遇到高温干旱天气的情况下，能够迅速、高效、有序、安全的保障群众生活用水，并做好群众受旱情影响的农作物的应急工作。通过本次演练，进一步提高应对旱情的应急反应能力，提高防灾减灾意识，最大限度地减轻旱涝灾害造成的损失，维护广大人民群众生命财产安全。

二、演练时间

7月29日上午10:00—12:00

三、演练地点（略）

四、组织机构

为了确保本次抗旱应急演练顺利进行，成立抗旱应急演练指挥部，指挥部成员如下：

总指挥长：镇党委书记

副总指挥长：镇党委副书记、镇长

副指挥长：镇党委委员、人大主席

镇党委副书记

镇党委委员、纪委书记

镇党委委员、副镇长、政法委员

镇党委委员、组织委员、宣传委员、统战委员

镇党委委员、副镇长、武装部长

镇人大副主席

成员：(略)

领导小组下设办公室在镇党政综合办。演练由总指挥长负责发布命令，全面指挥开展抗旱救灾工作，副总指挥长配合指挥执行命令，各成员单位按照《镇抗旱应急演练工作方案》要求职责有序开展工作。

五、演练安排

演练项目包括：旱情预报、会商研判、发布命令、队伍集结、群众饮水应急供应、庄稼干旱用水应急供应。所有参演人员按照演练指令的时间迅速到达现场。本次防汛演练共分5个组。

群众饮水供应组：负责受旱情影响群众饮水供应协调工作。接到指挥部命令后迅速召集成员集合，及时安排消防车、农用车集中应急供水。

庄稼用水供应组：负责受旱情影响的庄稼供应协调工作。接到指挥部命令后迅速召集成员集合，及时安排抽水设备从乌江中或旱情附近有水源点抽水集中应急供水。

后勤保障组：负责现场消防车、供水农用车和物资储备、现场用电及受干旱影响的群众生活保障等。

卫生防疫组：负责调度救护车和救治伤员。

宣传报道组：负责本次演练的宣传报道工作。

六、综合说明

假定预想演练背景，根据《抗旱应急演练工作方案》要求，按照各单位的防汛职责，进行抗旱应急演练。

七、背景设置

2022年7月，×× 镇境内已持续13天高温，辖区发生大范围干旱，根据县抗旱防汛指挥部办公室监测预警平台和县气象局气象平台显示：××镇境内未来20天持续高温达35℃，最高气温达42℃。持续干旱引发辖区××村水源点严重缺水，庄稼地严重干旱，危及××村全村197户群众的生命财产安全。

八、演练步骤

（一）险情报告

（二）紧急会商

通知发出20分钟后，总指挥长、副总指挥长、副指挥长、各成员单位负责人到达会议室，经过15分钟紧急会商，做出决定。

（三）发布预警

接到指挥部通知后，××村村干部到岗到位，紧急发布预警，通知该村群众。宣传报道组使用××村预警广播、敲锣等方式发布预警信号，村支书安排人员组织开展群众应急供水，抗旱工作全面开始。

（四）抗旱应急供水

抗旱小组根据各自职责，全面开展抗旱工作。

九、演练结束

总指挥长宣布本次演练结束，各成员单位按照预案要求开展救灾减灾及灾后恢复生产等工作。

十、演练评估

镇党政综合办负责组织专家对演练中的成绩和问题进行全方位评估，在1个月内提交评估报告。有关方面根据评估报告要求在3个月内进行整改。

拓展阅读　桑枣中学的应急管理理念与实践

“5·12”汶川特大地震造成四川安县全县3800余人遇难或失踪，12000余人受伤，700多万平方米房屋倒塌；但安县桑枣中学全校师生安然无恙。究其原因，该校的应急管理理念及实践发挥了重要作用。

四川安县桑枣镇位于龙门山脉南麓，毗邻北川县。安县桑枣初级中学（以下简称桑枣中学）位于安县桑枣镇，建于1974年，是安县教育体育局直属的一所农村初中，震前已连续14年蝉联本县中考第一名，大量优秀学生进入国家级示范高中和省重点高中学习。全校有31个教学班，在校学生2323余人，其中住校学生2189人。学校有教职工98名。该校占地27余亩，建筑面积约1.84万平方米，仅有一个面积不足2300平方米的操场（生均不足1平方米），它的四面分别被学生宿舍楼、教学楼、教学实验楼、教工宿舍楼等所包围，犹如一个放大的四合院。

一、安全疏散的奇迹

2008年5月12日14时28分，桑枣中学师生们正在像往常一样准备开始下午第一堂课，汶川8.0级地震发生了。

[桑枣中学实验教学楼四楼，初三（6）班教室]“不要慌，躲在桌子底下！”数学老师杜永泰边喊边要求学生把教室的前后门都打开了，以防地震扭曲房门。来自北川县的赵蓉和其他63名同学迅速躲到桌子底下，双手紧紧抓着桌腿，双眼紧闭。

几十秒钟后，“现在撤离，注意顺序，不要踩踏！”第一波震感刚停，杜永泰果断下令，学生快速而有序地往下撤。赵蓉所在的前4排学生往前门撤退，后4排往后门撤退。

“慢一点，小心脚下！”当赵蓉来到楼梯拐角处时，杜永泰老师已经快速抵达楼梯拐角处疏散学生，之所以在那个位置，是因为楼梯的拐角处最容易发生踩踏。

那天下午，该校31个教室里的老师都是这样从容镇定地指挥学生们撤退。地震波一来，老师喊："趴在桌子下！"学生们立即趴下去。老师们都要求学生把教室的前后门都打开以防地震扭曲房门。

震波一过，学生们立即分别从前后门冲出了教室，老师站在楼梯拐角，喊："快一点！""慢一点！"老师们说，喊出的话自己事后想想，都觉得矛盾和可笑。但当时的心情，既怕学生跑得太慢，遭遇大楼垮塌，又怕学生跑得太快，关键时候摔倒造成踩踏。

撤离到操场后，大地还在不断地剧烈晃动，学生们蹲在一起，各班的班委习惯性地清点好人数，报告给老师。老师们查看有无受伤学生并安抚学生。

全校31个班2200多名学生、近百名老师全部疏散到操场，以班级为单位待在一起，用时1分36秒。

校长叶志平地震时正在绵阳办事，他催促司机以最快速度疯了似的赶回学校，看到的是这样的情景：他的学生——11岁到15岁的娃娃们——都挨得紧紧地站在操场上，老师们站在最外圈，四周8栋楼房部分坍塌，全部成为危楼。他最为担心的那栋经过多年维修加固的实验教学楼没有塌。老师们向他报告："学生没事，老师们也没事！"他松了一大口气，浑身都软了。

1分36秒，桑枣中学全校31个教学班的2300多名师生全部撤离到操场而无一伤亡的结果，被世人称为"桑枣奇迹"。

二、奇迹的背后

（一）爱操心的校长

校长叶志平是一个对于校园安全高度敏感的人。他经常告诫教师："我们必须用良心为学生、家长和国家担当起安全育人的责任。"叶志平说："我家有4人先后当过校长，我们在一起议论最多的不是教学，而是安全。校舍不建结实，早晚会出事；出了事，没法向孩子家长交代。我校平均1个班70多名学生。这些鲜活稚嫩的生命在我手里，我是战战兢兢、如履薄冰，就怕万一……没事时，我就在教学楼里溜达，带着相机，把危险的地方拍下来，让大家出主意改进。”

一次，学校新建教学楼，楼外立面要贴大理石面。叶志平不放心，怕有一天大理石贴面掉下来砸到学生。他反复琢磨，后来要求施工单位对于每块大理石，除了要粘贴牢固，还要在大理石板上打4个孔，然后用4个金属钉将其固定在外墙上。汶川大地震中，该教学楼的大理石贴面没有一块掉下来。

（二）扎实开展疏散演练

2004年，桑枣中学新建成的6层女生宿舍楼超标住进了1000多名11岁至15岁的女学生。叶志平想，万一发生火灾，怎么能让孩子们井然有序地迅速撤离呢？于是，开始搞紧急疏散演练。通过多次演练，孩子们熟练掌握了逃生技能。最快的一次，1000余名学生全部撤离仅用了46秒。看到效果不错，疏散演练扩大到了全校。

第一次疏散演练，老师和学生思想上不重视，甚至有人持反对意见，认为是没事找事、浪费时间。学生们有的躲在寝室里，有的把演练当作游戏，演练效果非常差。但在校长叶志平的坚持下，紧急疏散演练成为学生每学期的必修科目，师生们逐渐理解其重要性，演练质量也越来越高。他们不断探索总结经验教训，有关规则也越来越细：一是坐在离教室前后门最近的学生负责开门；二是前4排学生从前门撤，后4排从后门撤；三是在走廊和楼梯间分两路纵队行进；四是在整个疏散过程中要保持安静；五是要求低楼层的学生要跑得快些，高楼层的学生要跑得慢些；六是要求老师们要站在各层的楼梯拐弯处保护学生。经过反复演练，师生们都娴熟掌握了疏散逃生技能。

地震后，叶志平回顾说：“地震发生时，老师们都像演习时练的一样，镇定地指挥学生撤退，而学生们也按照老师们的安排，按顺序撤离。真正经受住地震考验的，是一支素质过硬的教师队伍和一个训练有素的学生群体！”

主要参考文献

1.《中华人民共和国突发事件应对法》。

2.中共中央党史和文献研究院编:《习近平关于防范风险挑战、应对突发事件论述摘编》，中央文献出版社2020年版。

3.《习近平在中央政治局第十九次集体学习时强调　充分发挥我国应急管理体系特色和优势　积极推进我国应急管理体系和能力现代化》,《人民日报》2019年12月1日。

4.《习近平在中央中共中央政治局第二十三次集体学习时强调　牢固树立切实落实安全发展理念　确保广大人民群众生命财产安全》,《人民日报》2015年5月31日。

5.《中共中央　国务院关于加强基层治理体系和治理能力现代化建设的意见》，2021年4月28日。

6.应急管理部编写组:《深入学习贯彻习近平关于应急管理的重要论述》，人民出版社2023年版。

7.应急管理部办公厅:《乡镇（街道）突发事件应急预案编制参考》,2023年8月17日。

8.应急管理部办公厅:《村（社区）突发事件应急预案编制参考》,2023年8月17日。

9.国家减灾委员会应急管理部中国气象局中国地震局:《全国综合减灾示范社区创建管理办法》，2020年6月16日。

10.《国务院安委办关于开展安全发展示范城市创建工作的指导意见》（安委办〔2013〕4号）。

11. 全国爱国卫生运动委员会：《国家卫生乡镇标准（全爱卫发〔2021〕6号）》，2021年12月3日。

12. 重庆市人民政府应急管理办公室：《重庆市突发事件风险管理操作指南（试行）》，2015年5月。

13. 李雪峰主编：《应急演练规划指南》《应急演练准备指南》《应急演练实施指南》《应急演练评估指南》，中国人民大学出版社2018年版。

后　记

本书的编写既是回应推进国家应急管理体系能力现代化、夯实国家安全的基层基础的战略部署，也是回应基层对提升应急能力的呼声。

全书力图体现：政治高度，着眼于落实党和国家对基层应急管理的政治要求；理论深度，以科学的应急管理理论支撑基层应急管理实践；实践精度，以易理解可操作的表述构建基层应急管理知识体系；语言活度，以深入浅出的精练语言表达复杂的基层应急管理工作要求。

本书的编撰基于编著者主持的国家社会科学基金重点项目“中国特色御灾模式研究”、中共中央党校（国家行政学院）“新时代公共安全治理新格局研究”，以及应急管理部、国家减灾中心、联合国儿童基金会等资助的关于应急演练、基层应急能力建设等课题研究的成果。本书的编撰受到许多应急管理干部的激励，得到中共中央党校（国家行政学院）、中国应急管理学会、中国管理科学学会应急与安全管理专业委员会、中央党校出版集团大有书局等机构的大力支持，得到编委会各位专家的大力指导，也广泛借鉴了已有的基层应急管理相关理论、知识与文本。

基层应急管理要求具体而范围广泛，本书的编写挑战性极大，书中难免挂一漏万，甚至有不足与错误之处。在此诚请广大读者批评指正。

李雪峰

2024年4月